河北省大气污染防治经济对策研究

李利军　李艳丽　著

北　京
冶　金　工　业　出　版　社
2019

内 容 提 要

河北省大气污染物排放量远远超过大气环境容量界限值，污染现象严重。大气污染与民众生活、产业结构、产业规模、产业粗放程度、排放监管措施、环境执法强度等密切相关。本书从环境学、经济学两方面结合的角度，分析了河北省大气污染程度及其形成原因，尤其从社会经济角度，关注了能源、产业、市场等领域，研究社会经济性对策措施。

本书可供政府和环保工作人员参考，可用于高等学校环境经济领域本科生和研究生课堂或课外学习参考，也可供环境经济研究人员和环保人士阅读参考。

图书在版编目(CIP)数据

河北省大气污染防治经济对策研究/李利军，李艳丽著. —北京：冶金工业出版社，2019.7

ISBN 978-7-5024-8177-3

Ⅰ.①河…　Ⅱ.①李…　②李…　Ⅲ.①空气污染—污染防治—经济政策—研究—河北　Ⅳ.①F127.22

中国版本图书馆 CIP 数据核字（2019）第 144254 号

出 版 人　谭学余

地　　址　北京市东城区嵩祝院北巷 39 号　邮编　100009　电话　(010)64027926

网　　址　www.cnmip.com.cn　电子信箱　yjcbs@cnmip.com.cn

责任编辑　于昕蕾　美术编辑　彭子赫　版式设计　禹　蕊

责任校对　卿文春　责任印制　牛晓波

ISBN 978-7-5024-8177-3

冶金工业出版社出版发行；各地新华书店经销；三河市双峰印刷装订有限公司印刷

2019 年 7 月第 1 版，2019 年 7 月第 1 次印刷

169mm×239mm；10.25 印张；202 千字；152 页

32.00 元

冶金工业出版社　投稿电话　(010)64027932　投稿信箱　tougao@cnmip.com.cn

冶金工业出版社营销中心　电话　(010)64044283　传真　(010)64027893

冶金工业出版社天猫旗舰店　yjgycbs.tmall.com

（本书如有印装质量问题，本社营销中心负责退换）

前　言

大气环境污染是排放到大气中的污染物超过大气环境容量所呈现出来的有损于人类和生物生存的现象，是污染物和环境容量比较的结果，也就是说可以用一个等式近似地表达为：污染=污染物排量-环境容量。很明显，要缩减等式左边的“污染”有两种办法：其一，缩减等式右边的减数“污染物排量”，其二，增加等式右边的被减数“环境容量”。

缩减污染物排量的思路办法包括：（1）淘汰禁排，消除拆除排放源，发展近零排放产业和项目；（2）技术减排，利用技术手段改进设备、工艺，增加减排设施；（3）能源替代，推进煤改油、煤改气、煤改电，发展绿色能源，限制柴薪能源；（4）管理减排，改进管理手段，借助市场机制，成本倒逼利益引导促进企业自觉减排；（5）执法减排，强化执法力度，形成法制威慑，严控偷排超排。

增加环境容量也就是增加环境自净和人工净化能力，主要思路、办法包括：（1）通风增风，科学选址规划，工业区、城镇和建筑设计不挡风，留有风廊；（2）增雨喷雾，发展人工增雨技术和实施力度，强化低空水雾喷洒，增加污染物沉降速度和数量；（3）生态扩容，植树造林、养护和发展湿地，改善生态条件，增加碳汇，增强植物、微生物对污染物的吸收分解能力，改善区域降水和空气流动条件。

本书作为《环境补偿制度研究》的姊妹篇，以缩减排污量的相关内容为主，由此组成对大气污染问题相对完整的分析和认识。与此同时，作者也从理论角度对传统主流经济学的生态环境误导做了一些思考。从全世界的范围来看，西方国家100余年来的大气污染和我国21世纪以来的大气污染现象，都源于西方传统经济学理论的利益追求偏执和相关决策人员（包括宏观公共决策者和微观市场主体决策者）对相关决策理论的偏听偏信甚至偏行。

本书是河北省软科学科研项目《大气环境改善与主导产业能源消耗关系分析及致力研究（15453712D）》和河北省发展改革委“十三五”前期重大项目《河北省环境容量和大气污染防治研究（DRC13-31）》的主要研究成果。项目研究内容和政策建议在出版时根据需要做了一些取舍。石家庄铁道大学科技处对本书的出版给予了大量关心和帮助，在此一并表示感谢。

本书所提出的观点及其应用，可供政府决策部门参考，也可供经济学、环境学、社会学、公共管理学等相关学科的教师、研究人员、研究生和本科生参考使用，也适合热爱环境的相关人士、社会民众阅读。

本书所谈内容仅是作者个人的一些粗浅认识，由于研究角度不同、深度不同，某些观点和看法可能会存在不全面、不合适的地方，请读者不吝指正。

作　者

2019年4月

目　录

1 环境和大气环境污染

1.1 环境和环境的组成

所谓环境，就其词义而言，是指周围的事物，而且总是相对于某一中心事物而言，作为某一中心事物的对立面而存在的。在环境保护中，“环境”的概念通常是指以人或人类作为中心事物，由其他生物和非生命物质构成人类的生存环境。

人类环境由自然环境和社会环境（人工环境）组成。自然环境是人类生活和生产所必需的自然条件和自然资源的总称，即阳光、温度、气候、地磁、空气、水、岩石、土壤、动植物、微生物以及地壳的稳定性等自然因素的总和；而社会环境是人类在自然环境的基础上逐步创造和建立起来的一种人工环境，如工农业生产环境，机场、港口、公路、铁路等交通环境，城市、村落等聚落环境，等等。社会环境作用于自然环境，形成实质上的“第二自然环境”。以下所称环境主要是指由地球表层大气圈、水圈、岩石圈、土壤圈和生物圈所组成的与人类息息相关的自然地理环境。

大气圈是在地球表面以上的空间存在着的随地球旋转的大气层。大气圈中对流层和平流层与人类的关系最为密切。对流层对人类影响很大，风、雪、雨、雹、雷、电、雾等天气现象均发生在这一层，而且排入大气的污染物也绝大部分活动在离地面 1~2km 的近地层。在平流层当中，有一层厚约 20km 的臭氧层，能强烈吸收太阳紫外线而减少太阳对人体的灼伤。由于人类大量使用氟利昂等破坏臭氧层物质，形成“臭氧空洞”，对人类生存造成极大威胁。大气是多种气体的混合物，除含有各种气体元素及化合物外，还有水滴、冰晶、尘埃和花粉等杂质。大气由恒定的、可变的和不定的三种组分组成。恒定组分包括氮、氧、氩，以及微量的氖、氦、氪、氙、氡等稀有气体。可变组分主要指大气中的水蒸气和二氧化碳，其含量受地区、季节、气象以及人们的生产和生活活动的影响而有所变化。二氧化碳过量排放形成“温室效应”，导致全球气温升高、冰川融化和气候干燥化。不定组分主要来源于自然界的火山爆发、森林火灾、海啸、地震等（如硫、硫化氢、尘埃、硫氧化物、氮氧化物、盐类、恶臭气体）和人类的生产与生活活动（如煤烟、尘埃、硫氧化物、氮氧化物）。当排放到大气中的有害不定组分（大气污染物）的数量和持续时间均足以对人、生态及材料等产生不利的影响和危害时，就形成大气污染。

地球上海洋、河流、冰川（融化水）、地下水、湖泊、大气含水、土壤水和生物水，在地球周围形成了一个紧密联系、相互作用又不断相互交换的水圈。在一般意义上，水体是海洋、河流、湖泊、水库、沼泽、地下水的总称，而在环境保护中，则把水体看作完整的生态系统或完整的自然综合体。水体包括水中的悬浮物质、溶解物质、水生生物和底泥等。各类天然水体都有一定的自净能力。污染物质进入天然水体后，通过一系列物理、化学和生物因素的共同作用，使水中污染物质的浓度降低，这种现象称为水体的自净。但是这种自净作用是有一定限度的。在一定的时间和空间范围内，如果污染物质大量排入天然水体并超过了水体的本底含量和自净能力，就会造成水质恶化，从而破坏了水体的正常功能，形成水体污染。

土壤圈是地壳中的岩石经长期风化形成的、位于陆地表层、呈连续分布、具有肥力并能生长植物的疏松土层。由土壤构成的土壤圈是整个生物圈的基础。土壤是矿物质、有机质和活的有机体以及水分和空气等的混合体。土壤水分及其所含的溶解物质和悬浮物质总称为土壤溶液，它是植物和微生物从土壤中吸收营养物质的媒介，也是污染物在土壤中迁移的主要途径。人类的生产、生活活动产生的三废（废水、废气、废渣）直接（通过大气、水体和生物）或间接向土壤系统排放并在其中积累，当三废物质数量超过一定限度后，将破坏土壤系统的平衡，引起土壤系统的成分、结构和功能的变化（如重金属含量过高，土壤板结、肥力下降或丧失等），即发生土壤污染。

生物圈是指地球上有生命的部分，即地球上所有的生物，包括人类及其生存环境的整体。生物圈是地球上最大的生态系统，它包括海平面以上 9km、海平面以下 10km 的范围。在这个范围内有正常的生命存在，有构成生态系统的生产者、消费者、分解者和无生命物质等四个组成部分，有能量的流动和物质的循环。生态系统是由生物群落和环境共同组成的自然整体，具有开放性（物质循环和能量循环）、运动性（相对稳定状态）、自我调节性（适应外界变化条件，维持系统动态平衡）、相关性（彼此相互联系）、演化性（产生、发展、消亡的周期性）等特征。生态系统内的生产者、消费者和分解者之间保持着一种动态平衡，使得生态系统具有一定的自动调节能力和代偿功能。若外力的影响超过一定限度，就会引起生态失调，乃至生态系统的崩溃。

人类对生物圈的破坏性影响主要表现在三个方面，即农业开发和城市化把自然生态系统大规模地转变为人工生态系统，严重干扰和损害了生物圈的正常运转；过度攫取生物圈中的各种生物和非生物资源（如森林和水资源）破坏了生态平衡；大量使用化肥、农药和排放废水、废气、废渣严重污染和毒害于生物圈的物理环境和生物物种（包括人类自身）。

1.2 环境问题和环境污染

1.2.1 环境问题

由于自然或人为活动使环境发生变化，带来不利于人类的结果，形成环境问题。严重的环境问题称为环境危机。由自然力引起的称为原生环境问题，又称第一环境问题，如火山爆发、洪涝、干旱、地震、流行病等自然界的异常变化；由人类活动引起的称为次生环境问题，又称第二环境问题，这是人类当前面临的最为严峻的挑战之一。原生环境问题和次生环境问题在今天有时难以截然分开，它们经常相互影响、相互作用。例如，由于人口激增和盲目发展农业生产，使毁林开荒、超载放牧、乱砍滥伐的现象上升，导致水土流失，天然植被大幅度减少，水土保持能力大幅度下降，继而发生水土流失和沙漠化（生态破坏），其结果是我国南方地区洪涝灾害频繁，北方地区持续干旱、沙尘暴肆虐（自然灾害），从而酿成人为的天灾。在这一意义上，次生环境问题使原生环境问题发生的频率及危害程度激增。

环境问题可以分为环境污染与生态环境破坏两类。

由于人为或自然的因素，使环境的化学组成或物理状态发生了变化，与原来的情况相比，环境质量恶化，扰乱和破坏了生态系统和人们正常的生产和生活条件，这种现象叫“环境污染”，又叫“公害”，如工业生产排放的三废（废水、废气、废渣）对水体、大气、土壤和生物的污染。生态环境破坏也称为生态问题或生态破坏，主要指人类盲目开发自然资源引起的生态退化及由此而衍生的环境效应，如因过度放牧引起的草原退化，因毁林开荒造成水土流失和沙漠化等。

1.2.2 环境污染

环境在未受到人类干扰的情况下，环境中化学元素及物质和能量分布的正常值，称为环境本底值。环境对于进入其内部的污染物质或污染因素，具有一定的迁移、扩散和同化、异化的能力。在人类生存和自然环境不致受害的前提下，环境可能容纳污染物质的最大负荷量，称为环境容量。任何污染物对特定的环境及其功能要求，都有其确定的环境容量。污染物质或污染因素进入环境后，将引起一系列物理的、化学的和生物的变化，而自身逐步被清除出去，从而环境达到自然净化的目的。环境的这种作用，称为环境自净。人类活动产生的污染物或污染因素，进入环境的量，超过环境容量或环境自净能力时，就会导致环境质量恶化，出现环境污染。

环境污染的发生大致都经历这样三个主要过程：污染源排放污染物、污染物在环境中扩散转化、接受者受到损害。污染源是造成环境污染的污染物发生源，通常指向环境排放有害物质或对环境产生有害影响的场所、设备和装置；污染物是进入环境后能使环境的组成、结构、性质、状态乃至功能发生直接或间接有害于人类生存和发展的物质；扩散途径指污染物在环境（大气、水体、土壤、生态系统（食物链））中迁转、转化、稀释、输送、排除的过程；受体，即污染物接受者及其反应，如人体（健康受损）、生物（受害）、食品（污染）、设备（腐蚀）等。

根据污染形成机制不同，环境污染可以分为一次污染和二次污染。污染物由污染源直接排入环境所引起的污染，称为一次污染，它是相对二次污染而言的，是环境污染中的主要类型，它一般由那些进入环境后物理、化学性质不发生变化的污染物造成。进入环境中的某些（一次）污染物，在介质（大气、水体、土壤等）中相互作用或与介质中的正常组分发生物理、化学、生物作用并生成新污染物（二次污染物）后，对环境产生的再次污染，称为二次污染。例如，无机汞化合物在微生物的作用下转变成对人体和生物危害更大的甲基汞，形成水俣病事件；又如，汽车排放的废气中的氮氧化物、碳氢化合物等在日光的强烈照射下发生光化学反应，生成臭氧、过氧乙酰硝酸酯、醛类等二次污染物，形成洛杉矶光化学烟雾事件。二次污染的危害往往比一次污染大，例如，一次污染物二氧化硫与氧气和水汽在金属离子的催化下，迅速光氧化而形成硫酸雾（气溶胶），其毒性比二氧化硫大 10 倍，能轻易侵入人体肺泡，引起肺水肿硬化而导致死亡，如多诺拉烟雾事件和伦敦烟雾事件。

污染物主要有大气污染物、水体污染物、固体废弃物和噪声。大气污染物主要包括二氧化硫、氮氧化物、总悬浮颗粒物、自然降尘、一氧化碳、氟化物、铅及其化合物等。水体污染物主要有氨氮物质、石油类物质、需氧有机物、挥发酚、汞和氰化物、重金属等。固体废弃物主要有矿业废物、工业废物、城市垃圾、农业废物和放射性废物。噪声来源于交通工具、工厂机器设备、建筑施工和人们的社会、家庭活动。

1.3 大气环境污染

1.3.1 大气环境污染的概念

大气环境污染（以下简称为大气污染）是由于人类活动或自然原因导致的某些物质进入大气，其浓度超过大气环境容量，并因此对人体的舒适、健康和福利造成损害的现象。

大气污染物由人为污染源或者自然污染源进入大气（输入），参与大气的循环过程，经过一定的滞留时间之后，又通过大气中的化学反应、生物活动和物理沉降从大气中去除（输出）。如果输出的速率小于输入的速率，就会在大气中相对集聚，造成大气中某种物质的浓度升高。当浓度升高到一定程度时，就会直接或间接地对人、生物或材料等造成急性、慢性危害，形成大气污染。

大气污染根据污染性质可划分为还原型（一次污染）和氧化型（二次污染）。在自然状态下，一次大气污染物很容易经过化学反应或光化学反应形成物理化学性质完全不同的二次污染物，形成大气二次污染，大气二次污染往往比一次污染物具有更严重的毒害性。

还原型大气污染也称为伦敦型大气污染，主要表现为一次污染。该种类型大气污染的主要污染物为 SO_2、CO 和颗粒物，在低温、高湿度的阴天、风速小并伴有逆温的情况下，这些一次污染物在低空集聚生成还原型烟雾。

氧化型也称为洛杉矶型大气污染，主要表现为二次污染。该种污染物主要来源于汽车尾气、燃油锅炉和石化工业。一次污染物 CO、氮氧化物和碳氢化合物在阳光照射下发生光化学反应，生成臭氧、醛、酮、过氧乙酰硝酸酯等具有强氧化性的二次污染物，对人眼睛等黏膜能引起强烈刺激。研究表明，目前河北中南部地区的大气污染主要表现为氧化型污染，北京的氧化型污染正呈现出越来越明显的迹象。

1.3.2 主要大气污染物

大气污染物是人类活动或自然过程排入大气的并对人产生有害影响的物质。凡是能使空气质量变差的物质都是大气污染物。当前已知的大气污染物约有 100 种。随着人类不断开发新的物质，大气污染物的种类也在不断变化。

大气污染物按其存在状态可分为两大类：一种是气溶胶状态污染物，另一种是气体状态污染物。

1.3.2.1 气溶胶状态污染物

主要有粉尘、烟液滴、雾、降尘、飘尘、悬浮物等。气溶胶系指固体粒子、液体粒子或它们在气体介质中的悬浮体，为从 0.002～100μm 大小的液滴或固态粒子。大气气溶胶中各种粒子按其粒径大小又可以分为：

（1）总悬浮颗粒物（TSP）：悬浮在空气中，空气动力学当量直径在 100μm 以下的颗粒物，为大气质量评价中一个通用的重要污染指标。

（2）飘尘：能在大气中长期漂浮的悬浮物质，其粒径通常小于 10μm。

（3）降尘：用降尘罐采集到的大气颗粒物，其粒径一般大于 30μm。单位面积降尘可作为评价大气污染程度的指标之一。

（4）可吸入粒子（IP、PM_{10}）：国际标准化组织（ISO）建议将 IP 定义为粒径 10μm 以下的粒子。

（5）$PM_{2.5}$（particulate matter）：直径小于或等于 2.5μm 的颗粒物。

1.3.2.2 气体状态污染物

主要有以 SO_2 为主的硫氧化合物，以 NO_2 为主的氮氧化合物，以 CO 为主的碳氧化合物以及碳、氢结合的碳氢化合物。大气中不仅含无机污染物，而且含有机污染物。

A 硫氧化合物

硫氧化合物主要指 SO_2 和 SO_3。SO_2 是无色、有刺激性气味的气体，其本身毒性不大，动物连续接触 $85mg/m^3$ 的 SO_2 无明显的生理学影响。但是在大气中，尤其是在污染大气中 SO_2 易被氧化成 SO_3，再与水分子结合形成硫酸分子，经过均相或非均相成核作用，形成硫酸气溶胶，并同时发生化学反应形成硫酸盐。硫酸和硫酸盐可以形成硫酸烟雾和酸雨，造成较大危害。

大气中的 SO_2 主要源于含硫燃料的燃烧过程，及硫化矿物石的焙烧、冶炼过程。火力发电厂、有色金属冶炼厂、硫酸厂、炼油厂和所有烧煤或油的工业锅炉、炉灶等都排放 SO_2 烟气。

B 氮氧化物

氮氧化物种类很多，是 NO、NO_2、N_2O、NO_3、N_2O_4、N_2O_5 等氮氧化物的总称。造成大气污染的氮氧化物主要是指 NO 和 NO_2。大气中氮氧化物的人为源主要来自燃料燃烧过程，其中 2/3 来自汽车等流动源的排放。NO_x 可以分为以下两种：

（1）燃料型 NO_x：燃料中含有的氮的氧化物在燃烧过程中氧化生成 NO_x。

（2）温度型 NO_x：燃烧是空气中的 N_2 在高温（>2100℃）下氧化生成 NO_x。

其天然源主要为生物源，如机体腐烂。

大气中的 NO_x 最终转化为硝酸（HNO_3），和硝酸盐微粒，经湿沉降和干沉降从大气中去除。

C 碳氧化物

a 一氧化碳（CO）

人为源：主要在燃料不完全燃烧时产生，80%由汽车排出，此外还有森林火灾、农业废弃物焚烧。

天然源：甲烷转化、海水中 CO 挥发、植物排放物转化、植物叶绿素的光解。

b 二氧化碳（CO_2）

无毒气体，因引发全球性环境演变成为大气污染问题中的关注点。

D 碳氢化合物（HC）

碳氢化合物又称烃类，是形成光化学烟雾的前体物，通常是指 C1-C8 可挥发的所有碳氢化合物。分为甲烷和非甲烷烃两类，甲烷是在光化学反应中呈惰性的无害烃，非甲烷烃（NMHC）主要有萜烯类化合物（由植物排放，占总量65%）。非甲烷烃的人为源主要包括：汽油燃烧（典型成分为CH_4、C_2H_4、C_3H_6和C_4碳氢化合物）、焚烧、溶剂蒸发、石油蒸发和运输损耗、废物提炼。

E 含卤素化合物

大气中以气态形式存在的含卤素化合物大致分为以下三类：卤代烃，氟化物，其他含氯化合物。卤代烃主要人为源如三氯甲烷（$CHCl_3$）、氯乙烷（CH_3CCl_2）、四氯化碳（CCl_4）等是重要化学溶剂，也是有机合成工业的重要原料和中间体，在生产使用中因挥发进入大气。大气中主要含氯无机物如氯气和氯化氢来自化工厂、塑料厂、自来水厂、盐酸制造厂、废水焚烧等。氟化物包括氟化氢（HF）、氟化硅（SiF_4）、氟（F_2）等，其污染源主要是使用萤石、冰晶石、磷矿石和氟化氢的企业，如炼铝厂、炼钢厂、玻璃厂、磷肥厂、火箭燃料厂等。

1.3.3 主要大气污染物来源

大气污染过程由三个主要环节构成，污染源是污染的源头，是始作俑者。大气污染物的来源简称为大气污染源，主要有天然源和人为源两类。

1.3.3.1 大气污染的天然源

大气污染的天然源主要包括：火山喷发，排放出H_2S、CO_2、CO、HF、SO_2及火山灰等颗粒物；森林火灾，排放出CO、CO_2、SO_2、NO_2、HC等；自然尘，主要指风沙、土壤尘等；森林植物释放，主要为萜烯类碳氢化合物；海浪飞沫颗粒物，主要为硫酸盐与亚硫酸盐。

在有些情况下，天然源比人为源更重要，据相关统计，全球氮排放的93%和硫氧化物排放中的60%来自自然源。某些剧烈的天然元排放可能会造成严重的灾难性后果，如剧烈的火山喷发。目前，对于天然源形成大气污染的问题，人类主要采取科学预报和疏散躲避的策略以减少损害。

1.3.3.2 大气污染的人为源

通常所说的大气污染源是指由人类活动向大气输送污染物的人为源。大气污染的人为源可以概括为以下四方面。

A 燃料燃烧排放

燃料（煤、石油、天然气等）的燃烧过程是向大气输送污染物的重要发生源。煤炭的主要成分是碳，并含氢、氧、氮、硫及金属化合物。燃料燃烧时除产生大量烟尘外，在燃烧过程中还会形成一氧化碳、二氧化碳、二氧化硫、氮氧化物、有机化合物及烟尘等物质。

B 工业生产过程排放

如石化企业排放硫化氢、二氧化碳、二氧化硫、氮氧化物；有色金属冶炼工业排放的二氧化硫、氮氧化物及含重金属元素的烟尘；磷肥厂排放的氟化物；酸碱盐化工业排出的二氧化硫、氮氧化物、氯化氢及各种酸性气体；钢铁工业在炼铁、炼钢、炼焦过程中排出粉尘、硫氧化物、氰化物、一氧化碳、硫化氢、酚、苯类、烃类等。其污染物组成与工业企业性质密切相关。

C 交通运输排放

汽车、船舶、飞机等排放的尾气是造成大气污染的主要来源。内燃机燃烧排放的废气中含有一氧化碳、氮氧化物、碳氢化合物、含氧有机化合物、硫氧化物和铅的化合物等物质。

D 农业活动排放

田间施用农药时，一部分农药会以粉尘等颗粒物形式逸散到大气中，残留在作物体上或粘附在作物表面的仍可挥发到大气中。进入大气的农药可以被悬浮的颗粒物吸收，并随气流向各地输送，造成大气农药污染。此外还有秸秆焚烧等。

1.3.4 大气污染的主要影响因素

影响大气污染范围和强度的因素有污染物的性质（物理的和化学的），污染源的性质（源强、源高、源内温度、排气速率等），气象条件（风向、风速、温度层结等），地表性质（地形起伏、粗糙度、地面覆盖物等）。

大气中有害物质的浓度越高，污染就越重，危害也就越大。污染物在大气中的浓度，除了取决于排放的总量外，还同排放源高度、气象和地形等因素有关。

污染物一进入大气，就会稀释扩散。风越大，大气湍流越强，大气越不稳定，污染物的稀释扩散就越快；反之，则污染物的稀释扩散就慢。在后一种情况下，特别是在出现逆温层时，污染物往往可积聚到很高浓度，造成严重的大气污染事件。降水虽可对大气起净化作用，但因污染物随雨雪降落，大气污染会转变为水体污染和土壤污染。

地形或地面状况复杂的地区，会形成局部地区的热力环流，如山区的山谷风，滨海地区的海陆风，以及城市的热岛效应等，都会对该地区的大气污染状况产生影响。

烟气运行时，碰到高的丘陵和山地，在迎风面会发生下沉作用，引起附近地区的污染。烟气如越过丘陵，在背风面出现涡流，污染物聚集，也会形成严重污染。在山间谷地和盆地地区，烟气不易扩散，常在谷地和坡地上回旋。特别在背风坡，气流作螺旋运动，污染物最易聚集，浓度就更高。夜间，由于谷底平静，冷空气下沉，暖空气上升，易出现逆温，整个谷地在逆温层覆盖下，烟云弥漫，经久不散，易形成严重污染。

位于沿海和沿湖的城市，白天烟气随着海风和湖风运行，在陆地上易形成“污染带”。

早期的大气污染，一般发生在城市、工业区等局部地区，在一个较短的时间内大气中污染物浓度显著增高，使人或动、植物受到伤害。20 世纪 60 年代以来，一些国家采取了控制措施，减少污染物排放或采用高烟囱使污染物扩散，大气的污染情况有所减轻。

高烟囱排放虽可降低污染物的近地面的浓度，但是也能把污染物扩散到更大的区域，从而造成远离污染源的广大区域的大气污染。大气层核试验的放射性降落物和火山喷发的火山灰可广泛分布在大气层中，造成全球性的大气污染。

2 河北省大气污染基本情况

2.1 河北省的大气污染情况及其时空分布特点

2.1.1 河北省大气污染的总体情况

近几年来，我国东中部大气污染情况日趋严重。国家《环境空气质量指数（AQI）技术规定（试行）》（HJ 633—2012）规定：空气污染指数划分为 0～50、51～100、101～150、151～200、201～300 和大于 300 共六档，对应于空气质量的六个级别，分别是优、良、轻度污染、中度污染、重度污染、严重污染，指数越大，级别越高，说明污染越严重。

空气质量指数越大，级别越高，污染越严重，对人体健康的影响也越明显。空气质量三级轻度污染时，易感人群症状即有轻度加剧，健康人群即出现刺激症状。空气污染指数为 201～300，空气质量五级重度污染时，心脏病和肺病患者症状显著加剧，运动耐受力降低，健康人群普遍出现症状。空气污染指数超过 301 为六级严重污染。钟南山院士 2013 年 1 月 31 日接受央视“新闻 1+1”栏目采访时指出：“$PM_{2.5}$每立方米增加 10 微克，呼吸系统的疾病的住院率可以增加到 3.1%。要是灰霾从 25 微克增加到 200 微克，日均的病死率可以增加到 11%。刚才谈到那个问题，灰霾不光是对呼吸系统，对心血管、脑血管、神经系统都有影响，但是首当其冲地还是呼吸系统。北京十年来肺癌增加了 60%，这是一个非常惊人的数字，应该说空气污染是一个非常重要的原因，造成这样的一个情况。所以我想不单是人们所感受到的咽炎、鼻炎，或者眼睛的病症，现在从更长远考虑，对人体造成更大的危害还在后头。”2016 年 12 月，河北省肿瘤研究所发表研究成果指出，河北省 40 年来，肺癌死亡率上升 306%，显然比北京严重得多。

在全国大气污染地区分布中，华北地区尤为典型，其中尤以河北地区为最。自 2013 年国家对 74 个城市实行《环境空气质量指数（AQI）技术规定（试行）（HJ 633—2012）》重点监测以来，河北省城市在连续 6 年的空气质量排名中都稳占倒数名次的前 4 名。在年度大气污染最严重的前 10 名城市中，河北省 2013～2015 年连续三年占据 7 名，2016～2018 年连续三年占据 6 名，详见表 2-1。

表 2-1 2013~2018 年全国 74 城大气环境污染最严重前十名城市

项 目	2013 年	2014 年	2015 年	2016 年	2017 年	2018 年	6 年中河北省城市次数
污染第 1 名	邢台	保定	保定	衡水	石家庄	石家庄	6
污染第 2 名	石家庄	邢台	邢台	石家庄	邯郸	邢台	6
污染第 3 名	保定	石家庄	衡水	保定	邢台	唐山	6
污染第 4 名	邯郸	唐山	唐山	邢台	保定	邯郸	6
污染第 5 名	衡水	邯郸	郑州	邯郸	唐山	太原	4
污染第 6 名	唐山	衡水	济南	唐山	太原	保定	5
污染第 7 名	济南	济南	邯郸	郑州	西安	郑州	1
污染第 8 名	廊坊	廊坊	石家庄	西安	衡水	西安	4
污染第 9 名	西安	郑州	廊坊	济南	郑州	郑州	1
污染第 10 名	郑州	天津	沈阳	太原	济南	衡水	1
前 10 名河北省城市数	7	7	7	6	6	6	—

注：数据来源于环保部 74 城大气质量监测报告。2018 年数据由 169 城数据对照原 74 城名单后摘录生成。2018 年下半年，生态环保部在第一批实施空气质量新标准的 74 个重点城市基础上将大气质量重点城市拓展到 169 城。

在国家大气污染监测系统尚未健全和监测数据尚未公开期间，本书作者及其团队对 2012~2015 年河北省大气污染情况进行了跟踪监测，2014 年河北省 11 个地级城市年空气质量平均不达标天数 228.1 天，占 62.5%，邢、石、保、邯、衡、唐、廊 7 市年 $PM_{2.5}$ 平均浓度值均超过 105μg/m^3，达到国家标准 35 的 3 倍，本书作者及其团队监测到的极端数值竟然达到 828μg/m^3，是国家标准的 23.65 倍。2014 年 12 月 1 日到 2015 年 3 月 30 日的 120 天中，这七个城市平均每 0.95 个较好天气就会有 2.05 个中度以上污染天气（参见表 2-2）。

表 2-2 石、邢、邯、保、唐、衡 6 市大气污染程度统计表

项目	优良 AQI<100		轻度污染 101<AQI<150		中度污染 151<AQI<200		重度污染 201<AQI<300		严重污染 AQI>300	
	天数	比例	天数	比例	天数	比例	天数	比例	天数	比例
邢台	6	5%	12	10%	25	20.8%	31	25.8%	46	38.3%
石家庄	15	12.5%	20	16.7%	17	14.2%	22	18.3%	40	33.3%
保定	11	9.2%	19	15.8%	23	19.2%	27	22.5%	40	33.3%
邯郸	15	12.5%	27	22.5%	23	19.2%	26	21.7%	29	24.1%
衡水	12	10%	29	24.2%	20	16.7%	27	22.5%	32	26.6%
唐山	36	30%	23	19.2%	23	19.2%	22	18.3%	16	13.3%
平均	15.8	13%	21.7	18%	21.8	18.2%	25.8	21.5%	33.8	28.2%
	较好天气 37.5 天，31.25%				中度以上污染 82.5 天，占 68.75%					

数据来源：2014 年 12 月 1 日~2015 年 3 月 30 日项目组实时记录汇总。

2.1.2 河北省大气污染的时空分布特点

河北省大气污染具有明显的地域分布特点和季节特点。

2.1.2.1 河北省大气污染的空间地域分布特点

河北省大气污染的空间地域分布具有明显条带状特点，主要表现为太行山东麓沿山地带的邯郸—邢台—石家庄—保定—北京一线地区大气污染最重，燕山南侧的唐山、廊坊以及河北东南部腹地的衡水污染程度较重，张家口、承德、秦皇岛等北部地区污染程度较轻。河北省西侧以太行山为界与山西分界，北部为燕山高地，属于我国地势三大阶梯的二级阶梯部分。燕山高地上的张家口、承德地势高、空气流动好、大气污染源少，空气质量好。秦皇岛位于燕山东侧山海之间的辽东走廊，属于山口风带，同时沿海开阔，海风较多，定位于旅游城市，大气污染源少，空气质量好。而太行山和燕山两侧环绕的平原地区大气污染非常严重，尤其河北省中南部太行山山麓地区一线地带。从表 2-1 可以看出，太行山东麓的保定、石家庄、邢台、邯郸一线狭长地带，受西部太行山的遮挡，空气流通不畅，污染最为典型，常年在我国大气污染城市排名中占据前 5 名。燕山南麓的唐山、廊坊受北侧燕山影响，北风不畅，污染也非常严重。

课题组对河北省 11 个城市和北京、天津的大气污染数据进行了较长时间的追踪，统计分析发现，按照四级中度污染空气质量标准来说，邢台每年 57. 9%的天数处于四级中度污染空气质量状态，石家庄四级中度污染天数为 54. 42%，邯郸四级中度污染天数占比 39. 52%，保定四级中度污染天数占比 43. 02%，衡水为 40. 63%，廊坊为 33. 09%，唐山为 36. 95%，沧州为 27. 57%，秦皇岛、承德、张家口三地年度四级中度污染天数分别为 13. 42%，8. 83%，7. 35%。邢台市年平均 1. 72 天就会达到四级中度大气环境污染状态，年平均 5. 33 天就会达到五级重度大气环境污染状态；省会石家庄年平均 1. 79 天会达到四级中度大气环境污染状态，年平均 5. 40 天会达到五级重度大气环境污染状态；张家口市在正常排放大气污染物情况下，年平均 33. 00 天达到四级中度大气环境污染状态，年平均 107. 80 天达到五级重度大气环境污染状态，空气质量相对最好，但比环境标准也处于污染状态，在全国 74 城控制质量严重程度中 2015 年排名 65 位。

2.1.2.2 河北省大气污染的时间分布特点

河北省大气环境污染季节分布特点主要表现为采暖期污染严重，非采暖期污染较轻，夏天最轻。考虑现实中采暖期与季节划分的差异性和采暖期空气环境质量的特殊性，本书按照河北省多数地区的采暖期 11 月 15 日 ~ 次年 3 月 14 日为一个分析期，依此时间间隔为标准，3 月 15 日 ~7 月 14 日为另一个分析期，称为春夏期，2014 年 7 月 15 日~11 月 14 日为一个分析期，为夏秋期。

经分析整理两年数据进行平均计算，邢台市采暖期平均 0.58 天达到四级中度大气环境污染状态，平均 1.73 天达到五级重度污染；春夏期平均 3.6 天达到四级中度大气环境污染状态，平均 19 天达到五级重度污染；夏秋期平均 1.35 天会达到四级中度大气环境污染状态，平均 6.5 天就会达到五级重度污染。石家庄市采暖期平均 0.64 天达到四级中度大气环境污染状态，平均 1.61 天达到五级重度污染；春夏期平均 2.93 天达到四级中度大气环境污染状态，平均 12.33 天达到五级重度污染；夏秋期平均 2.08 天会达到四级中度大气环境污染状态，平均 6.06 天就会达到五级重度污染。保定市采暖期平均 0.76 天达到四级中度大气环境污染状态，平均 2.64 天达到五级重度污染；春夏期平均 7.03 天达到四级中度大气环境污染状态，平均 29 天达到五级重度污染；夏秋期平均 4.71 天会达到四级中度大气环境污染状态，平均 12.33 天就会达到五级重度污染。张家口市采暖期平均 19.91 天达到四级中度大气环境污染状态，平均 39 天达到五级重度污染；春夏期平均 119 天达到四级中度大气环境污染状态，没有五级重度污染情况；夏秋期也没有出现四级中度和五级重度大气环境污染状态，空气质量在全省处于最好状态。全省取暖期中度和严重污染间隔天数明显小于全年平均，更小于其他时段，全年中夏秋期控制质量污染程度最轻，春夏期介于两者之间。

2.2 河北省典型地区大气污染情况分析

因篇幅限制，下面对空气污染比较严重的城市邢台、石家庄、保定、邯郸、唐山的大气污染进行全面分析。河北省近 6 年大气污染地域范围和时间分布存在较为明显的相似性，除廊坊伴随北京的强制力政策有较为明显好转外，其余中污染城市污染程度虽也有好转，但在全国仍属于最严重地区，所以下面分析采用较为典型的 2013~2014 数据，其他年份也可参考。

2.2.1 邢台大气污染基本情况

2.2.1.1 邢台大气污染情况的历史发展特点

课题组搜集整理了邢台市 2013 年 1 月份以来的空气质量指数（AQI 数据），以此为基础，邢台市大气环境污染情况历史演变情况如图 2-1 所示。

从图 2-1 可以看出，邢台市空气质量指数年度变化不大，但年度内呈上半年逐渐下降，下半年逐渐上升的趋势。对比 2013 年和 2014 年 2 月~7 月份的数据，2 月~3 月中旬，为严重污染集中的时期，2013 年空气严重污染天数 17 天，优良天数 2 天，空气质量指数平均值为 267，2014 年严重污染天数 13 天，优良天数 2 天，空气质量指数平均值为 254；3 月中下旬~7 月，2013 年严重污染 6 天，重度

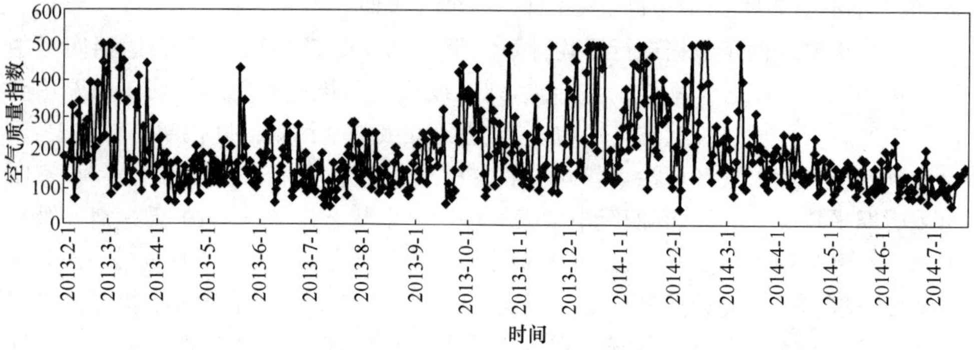

图 2-1 邢台市 2013 年 2 月~2014 年 7 月空气质量指数历史发展情况折线图

污染 23 天，优良 19 天，2014 年的空气质量严重污染 4 天，重度污染 21 天，优良 22 天。由此看来，2 月~3 月中旬大气污染程度 2014 年相比 2013 年有所改善，3 月下旬~7 月，大气污染程度 14 年相比 13 年基本持平，但就近几年整体来说，邢台市空气质量仍在逐年恶化，并逐步向以煤烟污染为主，机动车尾气污染，扬尘污染为辅的综合性污染转化，空气质量状况不容乐观，治理大气污染的工作刻不容缓。

2.2.1.2 邢台市大气环境污染情况的季节和月份变化规律分析

从图 2-2 可以看到，邢台市空气质量在年度之间呈现逐年恶化的规律的同时，呈现明显的季节性变化，为了进一步分析这种现象，取 2013 年 4 月~2014 年 4 月的数据来进一步进行分析。

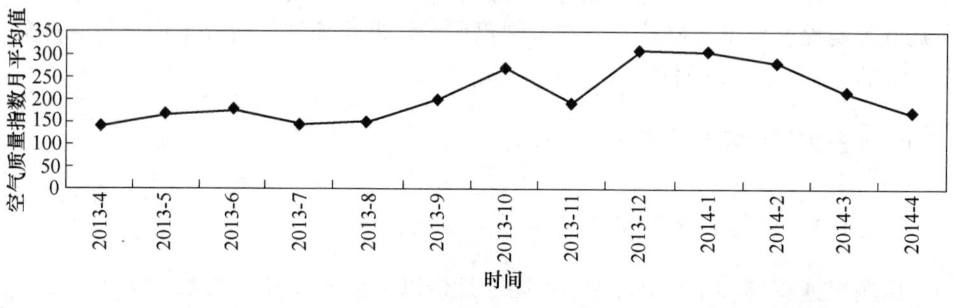

图 2-2 邢台市 2013 年 4 月~2014 年 4 月空气质量指数变化情况折线图

为了方便比较，可以把时间划分为 3 个季度：取暖季（11 月 15 日~3 月 15 日）、春夏季（3 月 16 日~7 月 15 日）、夏秋季（7 月 16 日~11 月 16 日）。

从图 2-3 中可以看出，大气污染情况呈季节性变化规律，取暖季严重污染天数为 44 天，优良天数 5 天，波峰最高达到 500，波谷最低达 43，波动幅度较大，此季节污染最为严重；2013 年春夏季空气质量指数严重污染天数为 2 天，重度污染天数 14 天，优良 17 天，整体波动幅度较小，春夏季大气污染程度较轻；夏秋季严重污染 16 天，重度污染 36 天，优良 12 天，10 月份之前基本在 300 以下，波动较小，10 月以后开始频繁出现 300 以上的数据，波动幅度开始增大。由此，大气污染严重程度最高的为取暖季，究其主要原因，是以燃煤为首要能源的消费结构，夏秋季大气污染程度仅次于取暖季，春夏季的空气质量状况较好。要得到彻底改善，在进行减排工程的同时，还需扩大环境承载能力，双管齐下，才能更有效地防治大气污染。

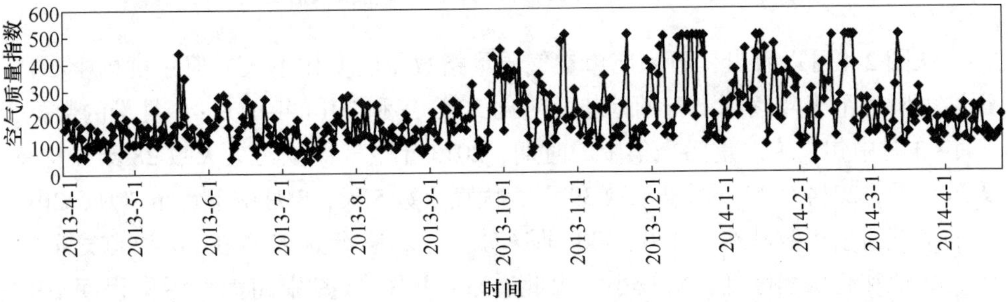

图 2-3　邢台市 2013 年 4 月~2014 年 4 月空气质量指数月平均值变化折线图

观察两图，2013 年 4 月~5 月份，严重污染 2 天，其余天数基本介于 100~200 之间，波动幅度小，6 月份重度污染 9 天，优良 4 天，波动幅度略大，4 月~6 月空气质量指数月平均值呈缓慢上升状态；7 月~8 月份的空气质量指数线起伏变化最缓和，重度污染共 8 天，优良 14 天，每月平均值相比前两个月，下降了一个等级，这段时期的大气污染程度最轻；9 月上、中旬基本在 100~250 之间变动，9 月末波动幅度开始增大，最高值 322，最低值 64，整月平均值为 197，相比前 5 个月开始上扬；10 月到次年 3 月，指数线波动幅度达到最大，波峰达到 500，波谷可达 43，严重污染天数最为集中，月平均值相比前 6 个月，继续上升，到 2013 年 12 月达到波峰 308，1 月开始缓慢下降，这时期的大气污染程度最为严重；2014 年 4 月份基本在 100~250 之间变动，波动幅度又趋于缓和，月平均值降为 169。2013 年 4 月~2014 年 4 月的邢台市空气质量指数月份变化整体呈现出“低—高—低”的规律趋势。

2.2.2 石家庄大气污染基本情况

2.2.2.1 石家庄大气污染历史发展情况

本书搜集整理了石家庄市 2013 年 1 月份以来的空气质量指数（AQI 数据），以此为基础，石家庄市大气环境污染情况历史演变情况如图 2-4 所示。

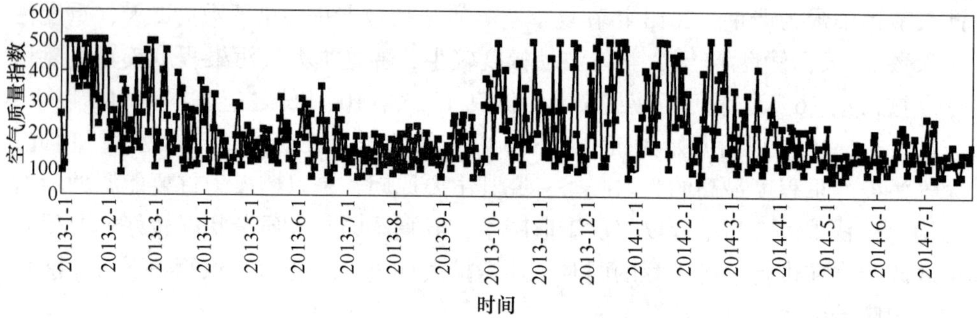

图 2-4 石家庄市 2013 年 1 月 ~2014 年 7 月空气质量指数历史发展情况折线图

从图 2-4 可以看出，石家庄市空气质量指数年度变化不大，但年度内上半年逐渐下降，下半年逐渐上升的趋势。对比 2013 年和 2014 年 1 月 ~7 月份的数据，1 月 ~3 月中旬，为严重污染集中的时期，2013 年空气严重污染天数 28 天，优良天数 9 天，2014 年严重污染天数 39 天，优良天数 5 天；3 月中下旬至 7 月，2013 年的空气质量指数基本在 100~300 间波动，而 2014 年的基本在 50~200 之间波动，数值和起伏程度都相对较小。由此看来，1 月 ~3 月中旬大气污染程度 2014 年相比 2013 年严重，3 月下旬至 7 月，大气污染程度 2014 年相比 2013 年有所改善，但就近几年整体来说，石家庄市空气质量仍在逐年恶化，并逐步向以煤烟污染为主，机动车尾气污染，扬尘污染为辅的综合性污染转化，空气质量状况不容乐观，治理大气污染的工作刻不容缓。

2.2.2.2 石家庄大气污染的季节和月份变化情况分析

从图 2-5 中可以看到，石家庄市空气质量在年度之间呈现逐年恶化的规律的同时，呈现明显的季节性变化，为了进一步分析这种现象，取 2013 年 4 月 ~2014 年 4 月的数据来进一步进行分析。

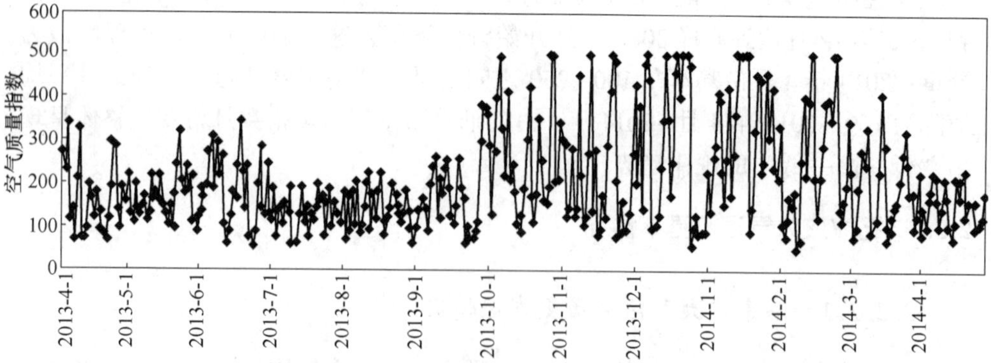

图 2-5 石家庄市 2013 年 4 月 ~2014 年 4 月空气质量指数变化情况折线图

从图 2-5 和图 2-6 中可以看出，大气污染情况呈季节性变化规律，取暖季严重污染天数为 46 天，优良天数 20 天，波峰最高达到 500，波谷最低达 49，波动幅度较大，此季节污染最为严重；2013 年春夏季空气质量指数严重污染天数为 5 天，重度污染 23 天，优良 18 天，春夏季大气污染程度较轻；夏秋季严重污染天数为 17 天，重度污染天数为 23 天，优良天数为 19 天，10 月份之前基本在 300 以下，波动较小，10 月以后开始频繁出现 300 以上的数据，波动幅度开始增大。由此，大气污染严重程度由高到低依次为：取暖季、夏秋季、春夏季。取暖季最高的主要原因是以燃煤为首要能源的消费结构，要得到彻底改善，在进行减排工程的同时，还需扩大环境承载能力，双管齐下，才能更有效地防治大气污染。

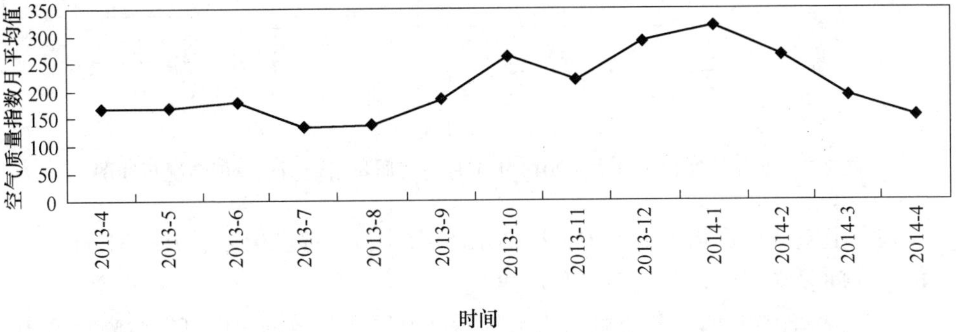

图 2-6 石家庄 2013 年 4 月~2014 年 4 月空气质量指数月平均值变化情况折线图

观察图 2-5 和图 2-6，2013 年 4 月~6 月份空气质量指数线起伏变化略大，其高值介于 300~400 之间，低值可达到 50 左右，但大部分介于 100~300 之间，每月平均值在 150~200 之间；7 月~8 月份的空气质量指数线起伏变化最缓和，高值在 200 左右，低值介于 50~100 之间，但大部分值属于 100~200 区间，每月平均值相比前三个月，下降了一个等级，在 100~150 之间，这段时期的大气污染程度最轻；9 月上、中旬稍有起伏，基本在 100~250 之间变动，9 月末波动幅度开始增大，高值接近 400，低值可达 50，整月平均值为 182，相比前 5 个月开始上扬；10 月到次年 3 月，指数线波动幅度达到最大，波峰达到 500，低值可达 50，值基本在 200 以上，300 以上的天数占了相当一部分，这期间月平均值持续上升，2014 年 1 月达到波峰值 315，2 月、3 月缓慢下降，这时期的大气污染程度最为严重；2014 年 4 月份的值基本在 50~230 之间变动，波动幅度又趋于缓和，月平均值降为 153。2013 年 4 月~2014 年 4 月的石家庄市空气质量指数月份变化整体呈现出“低—高—低”的规律趋势。

2.2.3 唐山大气污染基本情况

2.2.3.1 唐山大气污染历史发展情况

本书搜集整理了唐山市 2013 年 1 月份以来的空气质量指数（AQI 数据），以此为基础，唐山市大气环境污染情况历史演变情况如图 2-7 所示。

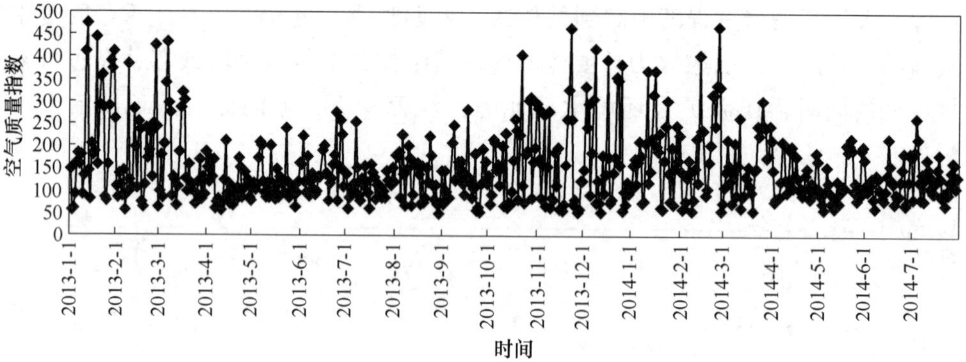

图 2-7 唐山市 2013 年 1 月～2014 年 1 月空气质量指数历史发展情况折线图

在以上空气质量指数天数中，以 2013 年 1 月 1 日到 2014 年 7 月 31 日为例，分析该时间段空气质量演变趋势和规律。

（1）从唐山市 2013 年 1 月以来大气污染发展变化数据表中可以清晰地看出，2013 年 8 月 30 日和 9 月 25 日，AQI 值较低，分布为 49 和 52，处于该时间段谷值期，空气质量较好。2013 年 1 月 12 日前后，空气质量指数高达 475，处于峰值期，属于空气质量级别为六级，空气质量状况严重污染。

（2）从唐山市空气质量指数历史发展情况折线图上我们可以分析出，该市大气污染最严重时期主要集中在 10 月 1 日～3 月 15 日，即供暖季唐山市空气质量最差，大气污染最严重；春、夏、秋季空气质量基本持续在 100～200 之间，略好于供暖季，但是空气质量仍是处于轻度和重度污染程度。从横向来分析该图，可以得出 2014 年空气污染程度要比 2013 年空气污染程度高。说明唐山市大气污染在持续增长，空气质量在年度之间呈现逐年恶化的趋势，大气污染已经不容忽视了，必须刻不容缓地去治理。

2.2.3.2 唐山大气环境污染情况的季节和月份变化分析

从图 2-8 中可以看到，唐山市空气质量在年度之间呈现逐年恶化的规律的同时，呈现明显的季节性变化，为了进一步分析这种现象，取 2013 年 4 月到 2014 年 4 月的数据来进一步进行分析。

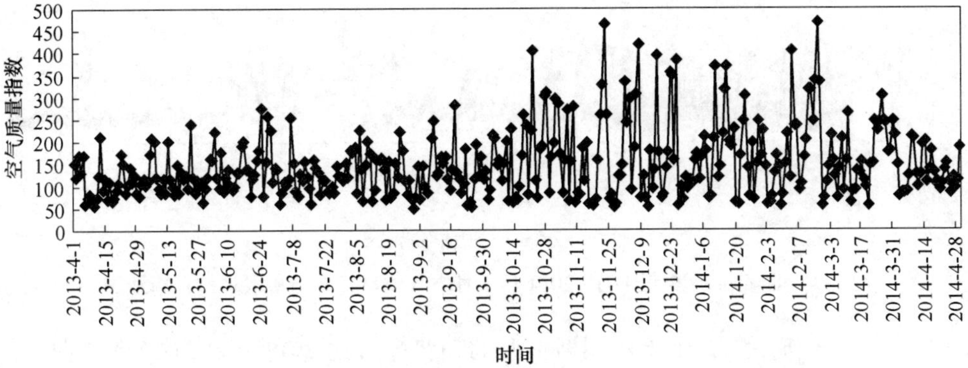

图 2-8 唐山市 2013 年 4 月~2014 年 4 月空气质量指数变化情况折线图

(1) 根据以上折线图的分析，可以看出唐山市空气质量指数一直处于高居不下的地位，尤其是当年的 10 月到次年的 3 月，该段时间空气质量指数持续上升，高达 475，已经达到严重污染。该段时间也就是每年的供暖期，除了工业污染源以外，增加了取暖污染物排放，人为污染源排放总量高于其他季节，因此空气质量指数持续上升。

(2) 从图 2-8 可以看出，从每年的 3 月份开始，空气质量指数有所下降，但是对于人的身体健康和生产生活来说，大气污染仍然是很严重的，而且就算是某一天空气质量指数有所下降，但时间不长又会重新上升到一个较高的数值，可见该市的大气污染是频发的，并且频率很高。

唐山大气环境污染情况的月份变化。从唐山市 2013 年 4 月~2014 年 4 月空气质量指数变化情况折线图可以得出，唐山市每年的各季节段空气污染指数变化呈现出一定的规律性。从 2013 年 11 月供暖开始，空气污染指数处在居高不下的水平，一直持续到次年的 3 月份。从 3 月上旬开始，空气污染指数开始有所下降，但仍处在一个相对较高的水平，平均在 200 左右。进入夏季，即 6 月~7 月份，空气污染指数变化频繁，而且忽高忽低很不稳定，8 月份~10 月份空气污染指数基本保持稳定，基本保持在全年最低值，但是对于国家相关规定，该指数仍然是很高的。

2.2.4 邯郸大气环境污染基本情况

2.2.4.1 邯郸大气污染历史发展情况

本书搜集整理了邯郸市 2013 年 1 月份以来的空气质量指数（AQI 数据），以此为基础，邯郸市大气环境污染情况历史演变情况如图 2-9 所示。

从图 2-10 中可以看出，整体上邯郸市空气质量指数年度变化不大，但年度

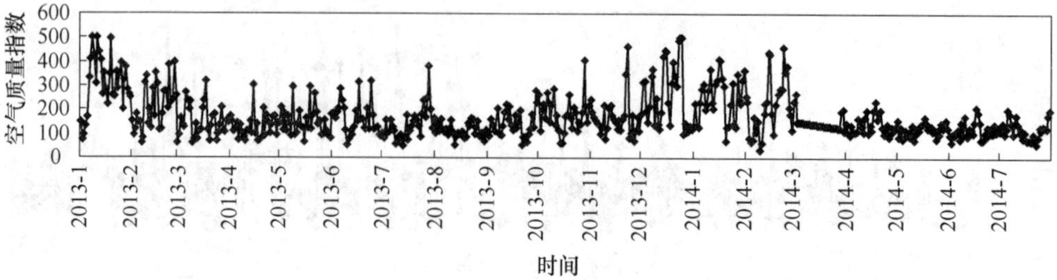

图 2-9 邯郸市 2013 年 1 月 ~2014 年 1 月空气质量指数历史发展情况折线图

内呈上半年逐渐下降，下半年逐渐上升的趋势。对比 2013 年和 2014 年 1 月 ~7 月份的数据，1 月 ~3 月中旬，为严重污染集中的时期，2013 年空气严重污染天数 22 天，优良天数 10 天，空气质量指数平均值为 237，2014 年严重污染天数 17 天，优良天数 7 天，空气质量指数平均值为 217；3 月中下旬至 7 月，2013 年严重污染 5 天，重度污染 16 天，优良 33 天，2014 年的空气质量严重污染 0 天，重度污染 4 天，优良 30 天。由此看来，相比石家庄、邢台，邯郸市的空气质量状况较好，1 月 ~7 月份大气污染程度 2014 年相比 2013 年有所改善，但就近几年整体来说，邯郸市空气质量仍在逐年恶化，并逐步向以煤烟污染为主，机动车尾气污染、扬尘污染为辅的综合性污染转化，空气质量状况不容乐观，治理大气污染的工作刻不容缓。

2.2.4.2 邯郸大气环境污染情况的季节和月份变化分析

从图 2-10 中可以看到，邯郸市空气质量在年度之间呈现逐年恶化的规律的同时，呈现明显的季节性变化，为了进一步分析这种现象，取 2013 年 4 月 ~2014 年 4 月的数据来进一步进行分析。

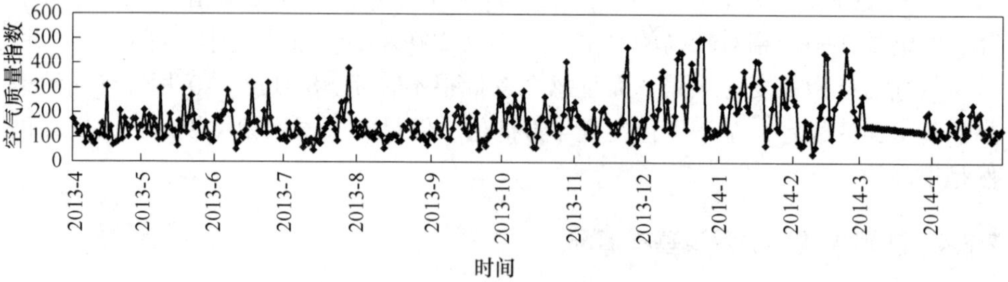

图 2-10 邯郸市 2013 年 4 月 ~2014 年 4 月空气质量指数变化情况折线图

从图中可以看出，大气污染情况呈季节性变化规律，取暖季严重污染天数为 33 天，优良天数 10 天，波峰最高达到 500，波谷最低达 34，波动幅度较大，此季节污染最为严重；2013 年春夏季空气质量指数严重污染天数为 3 天，重度污染天数 10 天，优良 28 天，整体波动幅度较小，春夏季大气污染程度较轻；夏秋季严重污染 2 天，重度污染 23 天，优良 22 天，10 月份之前基本在 200 以下，波动较小，10 月以后开始频繁出现 200 以上的数据，波动幅度开始增大。由此，大气污染严重程度最高的为取暖季，究其主要原因，是以燃煤为首要能源的消费结构，夏秋季大气污染程度仅次于取暖季，春夏季的空气质量状况最好。要得到彻底改善，在进行减排工程的同时，还需扩大环境承载能力，双管齐下，才能更有效地防治大气污染。

观察图 2-10 和图 2-11，2013 年 4 月 ~5 月份，严重污染 1 天，重度污染 5 天，优良 16 天，6 月份严重污染 2 天，重度污染 5 天，优良 5 天，且 4 月 ~6 月空气质量指数月平均值呈缓慢上升状态；7 月 ~8 月份的空气质量指数线起伏变化最缓和，严重污染 1 天，重度污染共 3 天，优良 19 天，每月平均值相比 6 月份下降了一个等级，8 月达到波谷值 112，这段时期的大气污染程度最轻；9 月上、中旬基本在 100~230 之间变动，9 月末波动幅度开始增大，最高值 281，最低值 53，月平均值为 143，相比前 2 个月开始上扬，10 月达到次波峰 183，11 月又下降到 166；11 月到次年 3 月，指数线波动幅度达到最大，波峰达到 500，波谷可达 43，月平均值到 12 月达到波峰 262，2014 年 1 月 ~4 月开始持续下降，4 月达到次波谷 137，这时期的严重污染天数最为集中，大气污染程度最严重。总体上，2013 年 4 月 ~2014 年 4 月的邯郸市空气质量指数月份变化整体呈现出“低—高—低”的规律趋势。

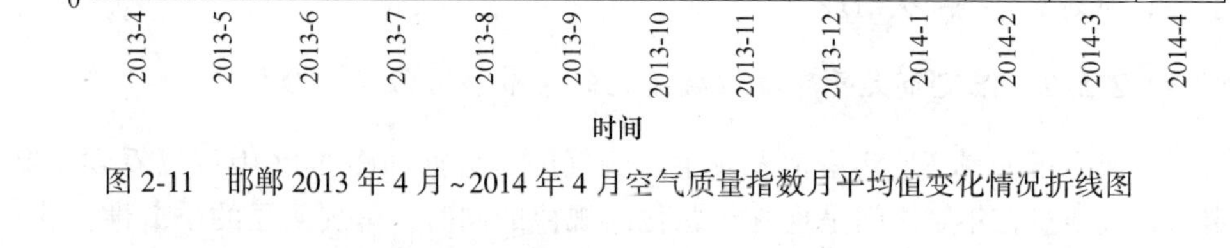

图 2-11 邯郸 2013 年 4 月 ~2014 年 4 月空气质量指数月平均值变化情况折线图

2.2.5 保定市大气环境污染基本情况

2.2.5.1 保定大气污染历史发展情况

本书搜集整理了保定市 2013 年 1 月份以来的空气质量指数（AQI 数据），以此为基础，保定市大气环境污染情况历史演变情况如图 2-12 所示。

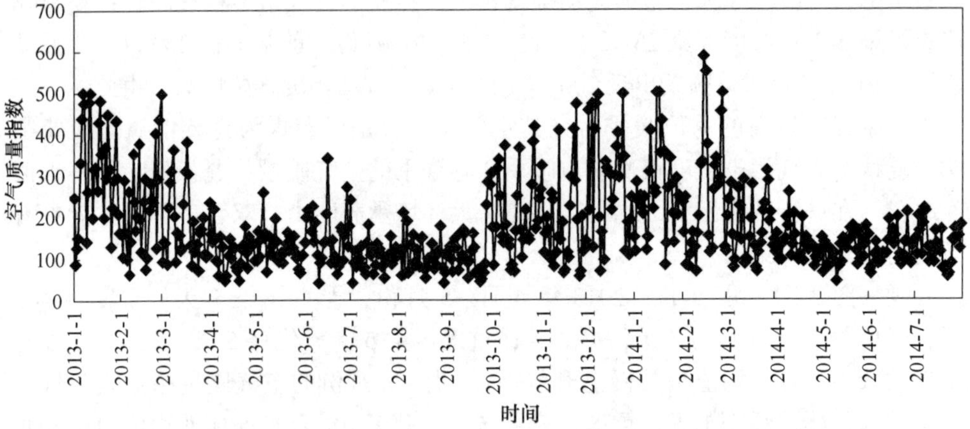

图 2-12　保定市 2013 年 1 月~2014 年 1 月空气质量指数历史发展情况折线图

在以上空气质量指数天数中，以 2013 年 1 月 1 日~2014 年 7 月 31 日为例，分析该时间段空气质量演变趋势和规律。

（1）从保定市 2013 年 2 月以来大气污染发展变化数据中可以清晰地看出，2013 年 7 月 2 日和 8 月 30 日前后，空气质量指数为 41，处于该时间段谷值期，空气质量较好。2014 年 2 月 14 日前后，空气质量指数高达 588，处于峰值期，属于空气质量级别为六级，空气质量状况严重污染。

（2）从保定市空气质量指数历史发展情况折线图上可以分析出，该市大气污染最严重时期主要集中在 10 月 1 日~3 月 15 日，即供暖季保定市空气质量最差，大气污染最严重；春、夏、秋季空气质量基本持续在 100~200 之间，略好于供暖季，但是空气质量仍是处于轻度和重度污染程度。从横向来分析该图，可以得出 2014 年空气污染程度要比 2013 年空气污染程度高。说明保定市大气污染在持续增长，空气质量在年度之间呈现逐年恶化的趋势，大气污染已经不容忽视了，必须刻不容缓地去治理。

2.2.5.2　保定市大气环境污染情况的季节和月份变化分析

从保定市大气环境污染情况及主要天气因素数据和图 2-13 中可以看到，保定市空气质量在年度之间呈现逐年恶化的规律的同时，呈现明显的季节性变化，为了进一步分析这种现象，取 2013 年 4 月~2014 年 4 月的数据来进一步进行分析。

（1）根据图 2-13 的分析，可以看出保定市空气质量指数一直处于高居不下的地位，尤其是当年的 10 月到次年的 3 月，该段时间空气质量指数持续上升，高达 588，已经达到严重污染。该段时间也就是每年的供暖期，除了工业污染源以外，增加了取暖污染物排放，人为污染源排放总量高于其他季节，因此空气质

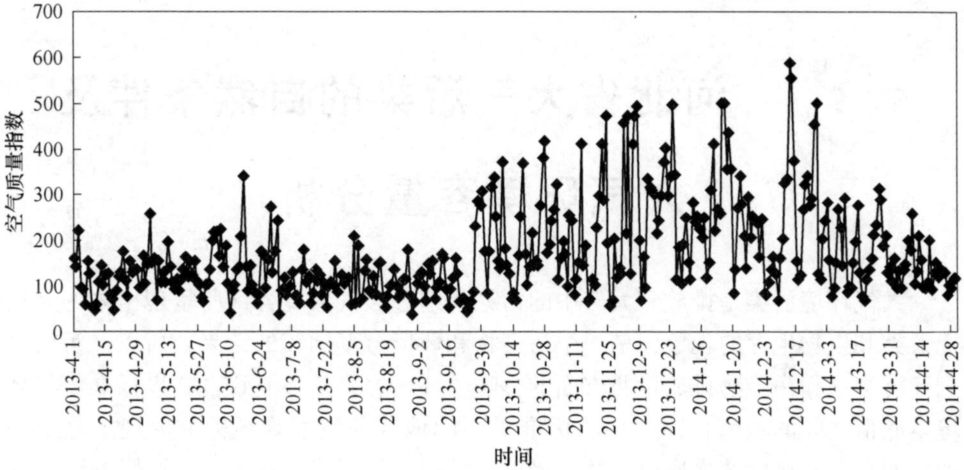

图 2-13 保定市 2013 年 4 月~2014 年 4 月空气质量指数变化情况折线图

量指数持续上升。

（2）从图 2-13 可以看出，从每年的 3 月份开始，空气质量指数有所下降，但是对于人的身体健康和生产生活来说，大气污染仍然是很严重的，而且就算是某一天空气质量指数有所下降，但时间不长又会重新上升到一个较高的数值，可见该市的大气污染是频发的，并且频率很高。

从保定市 2013 年 4 月~2014 年 4 月空气质量指数变化情况折线图可以得出，保定市每年的各季节段空气污染指数变化呈现出一定的规律性。从 2013 年 11 月供暖开始，空气污染指数处在居高不下的水平，一直持续到次年的 3 月份。从 3 月上旬开始，空气污染指数开始有所下降，但仍处在一个相对较高的水平，平均在 200 左右。进入夏季，即 6 月~7 月份，空气污染指数变化频繁，而且忽高忽低很不稳定，8 月份~10 月份空气污染指数基本保持稳定，基本保持在全年最低值，但是对于国家相关规定，该指数仍然是很高的。

3 河北省大气污染的自然条件及大气环境容量分析

大气环境污染是排放到大气中的污染物超过大气环境容量所呈现出来的有损于人类和生物生存的现象，是一个污染物和环境容量比较的结果，所以，污染受到环境容量和污染物排放量两方面的影响。环境容量是环境致害临界标准值与环境本底值之间的差值，国家环境标准对不同地区的致害临界标准值规定是统一的，而且大气环境的本底值也基本接近，所以大气环境容量的最主要影响因素就是环境空气的扩散、稀释、氧化、还原等自净能力了，而这种能力主要取决于天气气候和地形地势等自然条件。

3.1 河北省自然条件对大气环境污染的影响

3.1.1 风对大气污染的影响

风对大气环境污染的影响主要体现为扩散、稀释污染物，主要借助风速、风向和大气湍流三个方面。

风向对大气环境容量的影响。在风的作用下，悬浮在空气中的污染物会随着风向飘移、扩散。河北省地处北温带季风气候区，常年盛行西北风。本书采集了2011 年 7 月 ~2014 年 7 月四年时间内的天气数据资料用以统计归类分析。污染物随风向向东南飘移扩散的概率比较大，在不考虑偏北外来污染输入及其他影响因素的情况下，河北省大气环境容量在主导风向作用下会呈现西北容量大、东南容量小的特点。受风向影响的大气环境容量地区分布特点与季节有一定关系。

风速对大气环境容量的影响。风速是风力等级划分的依据，风速越大，风力等级越高。风速和风力对污染物的扩散稀释作用非常明显，随着风力的增大，单位时间内通过单位体积的空气量增大，湍流扩散增强，研究表明，风速每增大 1 倍其对大气污染物的扫除能力大约也能提升 1 倍。受风力影响的大气环境容量地区分布特点与季节有一定关系。

大气湍流对大气环境容量的影响。大气湍流是指风的方向和速度经常发生变化，在主导方向上发生的无规则阵发性摆动。大气湍流对污染团有撕扯拉开作用，是污染扩散稀释的主导因素，假如没有湍流作用，污染物团在仅仅会随风飘移，但始终会表现为一个污染团，无法消散。受所在气候区决定，河北省有风日大气湍流比较活跃，但冬季多出现无风静稳大气条件，对污染物扩散稀释不利。

3.1.2 降水对大气污染的影响

降水是空气中的水分以液态或固态的形式降落到地面的现象，包括雨、雪、霜、雹、霰等形式，降水对对污染物的影响主要是污染物作为降水的凝结核，会随着降水一起落到地面上，降水也会形成对污染物的吸附冲刷作用。

河北省降水量总体偏少并且阶级分布不均。借助 2011 年 7 月～2014 年 7 月四年时间的气象资料分析，研究降水对大气环境容量的影响。在不考虑其他影响因素的情况下，河北省大气环境容量在降水作用下呈现明显的季节性差异分布，夏秋季环境容量大，冬春季环境容量小。

3.1.3 地形地势条件对大气环境容量的影响

地形地势对大气环境容量的影响主要是通过影响局部地区风、雨、温度等气象条件来实现的。山峰会对风形成阻挡，背风面风的污染驱散作用会大打折扣，但迎风面的污染物很容易被抬升扩散；海与陆地间比热不同，白天和夜晚受热不同，日夜间会分别形成交替的海风和陆风，冬夏间也会形成不同主导风向的海风和陆风，空气湍流比较常见，平原海滨城市会比一般地区环境容量大；山坡和谷地因接受太阳热量不同会形成昼夜不同的山风和谷风，白天山坡气温比谷地高，空气上升形成谷风，利于谷地污染物向上扩散，夜晚山坡气温低于谷地，冷空气向谷地下沉形成山风，并产生逆温，将污染物压在谷地不易扩散，造成谷地大气污染。大城市摩天大楼群也会产生山坡与谷地的效果，可阻碍近地面污染物扩散。

河北省东临渤海、西依太行、北拥燕山，11 个地市级城市中 4 个位于山麓背风坡，2 个位于坝上谷地，1 个位于海滨。位于坝上谷地的张家口和承德同时也是主导风向的风口，与海滨城市秦皇岛异同成为河北省大气环境容量较大的地区。而山麓背风坡地区则成为河北省大气环境污染的重灾区。

河北山麓多霾的原因是由于影响河北的天气系统大多来自偏西或偏北方向。而燕山和太行山形成的“弧状山脉”对天气系统起到了阻挡和削弱作用，使山麓地区形成了一个“避风港”，大气稳定程度高于山区和平原，大气污染物质不易扩散，大气环境容量小。东南风起作用时，山麓城市污染物质随风遇山阻挡抬升后随高空气流折回下沉，返回原地，加剧了污染程度。

3.1.4 河北省地形和风对大气污染的综合作用

河北省太行山脉和燕山山脉对河北合拢成半环状，邯郸、邢台、石家庄、保定自南向北位于太行山东麓背风带，唐山、秦皇岛位于燕山南麓背风带。张家口、承德海拔高度分别为1400m和350m，其他地区海拔较低。

在秋冬季节，影响河北省的冷空气多为西北路径，当冷空气强度不够强时，燕山和太行山形成的"弧状山脉"对天气系统起到了阻挡和削弱作用，造成中南部处于弱气压场的控制之下，风速较小，有利于稳定层结的形成，一旦大气湿度条件具备，易形成大雾天气，而当空气中尘埃、烟粒等干性物质及其他污染物不容易扩散时，又有利于霾的形成。可见风向和风力对空气质量的影响。

以石家庄为例，1971~2000年石家庄历年地面各风向平均频率见表3-1，其中NW—N占23%、S—SE占23%、NNE—NE占10%，最少风向方位为SWS—WWS和EEN—EES（ESWN分别代表东西南北风），全年静风频率占29%。其中，冬季主导风向为NNE，秋季主导风向为N，春季主导风向为SSE。

表3-1 1971~2000年石家庄历年各风向平均频率 (%)

项目	N	NNE	NE	ENE	E	ESE	SE	SSE	S	SSW	SW	WSW	W	WNW	NW	NNW	平均
1月	11	6	4	1	2	2	6	7	4	1	1	2	4	5	8	7	29
4月	8	6	5	2	2	3	10	13	6	2	1	1	3	5	6	6	21
7月	8	5	5	2	3	3	9	11	5	1	1	0	2	3	5	6	31
10月	10	5	3	1	2	2	6	8	4	1	1	1	2	5	7	7	35
年	10	6	4	2	2	2	8	10	5	1	1	1	3	4	6	7	29

石家庄市区地面年平均风速为1.8m/s，春季平均风速为2.1~2.3m/s，夏秋季平均风速为1.5m/s，冬季平均风速为1.4m/s。图3-1给出了静风和小风（0.5m/s<风速<1m/s）出现的频率。其中冬季静或小风的频率最大为33.06%，春季最小为26.66%。

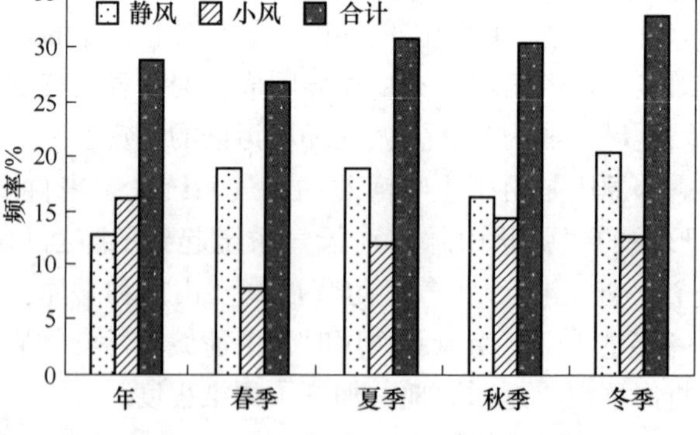

图3-1 石家庄静风和小风频率直方图

此外统计显示，全省污染最重的月份是1月份，其次是12月份，再次是2月份。也就是说，污染最严重的三个月份均是采暖期。特别是1月份，全省11

市无一例外，污染都是最重的。空气质量相对较好的张家口市，1 月、2 月也是污染严重，3 月~12 月污染较轻。4 月~9 月污染相对冬季易形成低压、逆温、风力小、静风天数较多、静稳天气，不利于大气污染物扩散。

在秋冬季节，影响河北省的冷空气多为西北路径，当冷空气强度不够强时，燕山和太行山形成的“弧状山脉”对天气系统起到了阻挡和削弱作用，造成中南部处于弱气压场的控制之下，风速较小，有利于稳定层结的形成，一旦大气湿度条件具备，易形成大雾天气，而当空气中尘埃、烟粒等干性物质及其他污染物不容易扩散时，又有利于霾的形成。

在地形和风向的作用下，河北省的可吸入颗粒物和其他污染物并不能随风扩散，而只能停留在原地，这些地理和气候因素使得河北省的大气环境面临严峻的考验。河北中南部被雾霾所覆盖，石家庄、邢台、邯郸地区尤其严重。

3.1.5 河北省风力和降水情况对大气污染影响的概括情况

河北省全境降水具有明显的季节性，导致降水对大气污染的影响主要发生在夏秋季，图 3-2 为最近十年各地市年降水量。

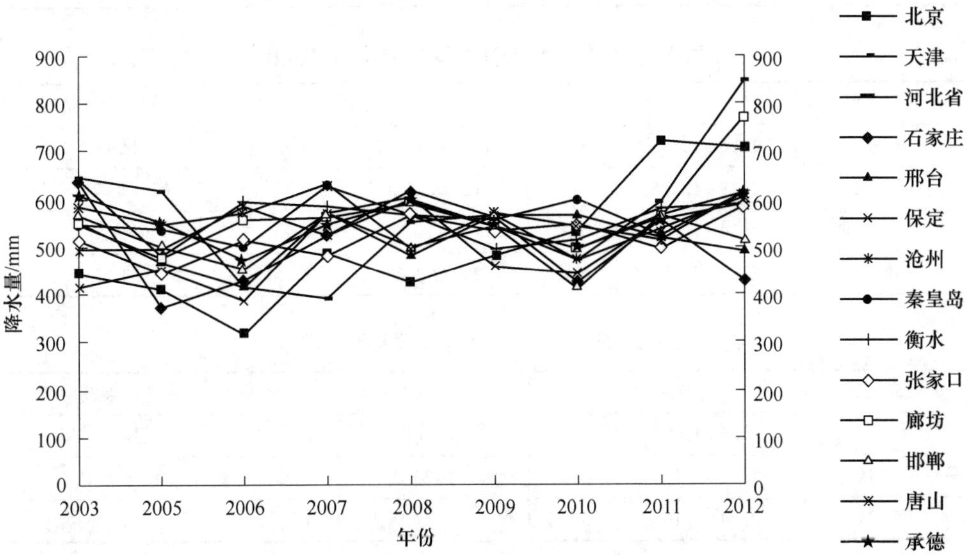

图 3-2 京津冀 13 市 2003~2012 年降水量情况

降水对消除空气中污染物的影响主要表现为：

（1）一次降水少于 5mm 时，气净化作用不明显。

（2）一次降水 5~40mm 时，净化作用显著，且净化率为 10%~45%，平均净化率为 27.4%。

（3）连续降水两天以上，且降水量大于 40mm，环境空气污染因子的日平均值接近于当月最小值。

（4）降水停止 2 到 3 天，环境空气中各污染因子浓度基本恢复到降雨前浓度。

（5）大气降水对环境空气中 TSP、SO_2 的净化效果好于 NO_2。

（6）同样降水量，其降雪过程较降雨过程对空气中污染物的净化作用明显。

统计 2013 年 12 月 1 日～2014 年 2 月 28 日的大气污染由严重突然转好的相关天气资料情况，以邢台、石家庄、保定、邯郸、唐山、衡水六个污染较重城市为例，见表 3-2～表 3-7。

表 3-2　邢台市 AQI 突变次数及影响因素

突变次数	AQI>300		AQI<100		AQI 突变的天气情况
第一次	12.3～12.8	6 天	12.10	1 天	风
第二次	1.14～1.19	5 天	1.20	1 天	风
第三次	1.31～2.2	3 天	2.3～2.10	6 天	风
第四次	2.20～2.25	6 天	2.27～2.28	2 天	小雨

表 3-3　石家庄市 AQI 突变次数及影响因素

突变次数	AQI>300		AQI<100		AQI 突变的天气情况
第一次	12.6～12.8	3 天	12.10～12.12	3 天	风
第二次	12.19～12.25	5 天	12.26～1.1	6 天	风、小雪
第三次	1.14～1.19	6 天	1.20	1 天	风
第四次	2.21～2.25	5 天	2.27～2.28	2 天	风

表 3-4　保定市 AQI 突变次数及影响因素

突变次数	AQI>300		AQI<100		AQI 突变的天气情况
第一次	12.6～12.8	3 天	12.10～12.12	2 天	风
第二次	1.10～1.19	10 天	1.20	1 天	风
第三次	2.14～2.16	3 天	2.17	1 天	风

表 3-5　邯郸市 AQI 突变次数及影响因素

突变次数	AQI>300		AQI<100		AQI 突变的天气情况
第一次	12.7～12.9	3 天	12.11～12.12	2 天	风
第二次	12.19～12.28	7 天	12.31～1.4	3 天	风
第三次	1.14～1.17	3 天	1.20～1.21	2 天	风
第四次	2.14～2.16	2 天	2.7～2.18	2 天	风

表 3-6 唐山市 AQI 突变次数及影响因素

突变次数	AQI>300		AQI<100		AQI 突变时的天气情况
第一次	12. 8	1 天	12. 10~12. 14	3 天	风
第二次	12. 16	1 天	12. 17~12. 19	3 天	风、小雪
第三次	12. 22	1 天	12. 24~1. 12	12 天	风
第四次	1. 15~1. 16	2 天	1. 18	1 天	小雪
第五次	1. 19	1 天	1. 20~2. 13	16 天	风、雪
第六次	2. 14	1 天	2. 16~2. 19	4 天	风
第七次	2. 24~2. 26	3 天	2. 27~2. 28	2 天	雨

表 3-7 衡水市 AQI 突变次数及影响因素

突变次数	AQI>300		AQI<100		AQI 突变的天气情况
第一次	1. 10~1. 11	2 天	1. 12	1 天	风
第二次	1. 15~1. 19	5 天	1. 20~1. 21	2 天	风
第三次	2. 22~2. 25	3 天	2. 27~2. 28	2 天	风

从表 3-2~表 3-7 可以清晰地看出，每一次雾霾的消除基本上都是由于天气条件发生变化导致的。风、雨、雪的因素起到了很大的作用。但是由于自然天气条件是不可控的，人为不能进行操作的，所以这个因素有很大的随机作用。而且由于冬季是雾霾的高发期，而且这个季节的大气是比较稳定的，也就是说风和雨雪这样的天气都会比较少一些。因此不能只依靠自然条件来对雾霾进行缓解，必须发挥人的主观能动性，进行一系列的改造，才能使得污染的程度和频率降下来。

3.2 环境容量及河北省大气环境容量研究方法

大气环境污染是排放到大气中的污染物超过大气环境容量所呈现出来的有损于人类和生物生存的现象，是一个污染物和环境容量比较的结果，也就是说可以用一个等式近似的表达为

$$污染 = 污染物排量 - 环境容量$$

所以，很明显，研究环境污染，一定要了解环境容量。

3.2.1 环境容量

环境容量（environment capacity）是在人类生存和自然生态系统不致受害的前提下，某一环境所能容纳的污染物的最大负荷量。环境容量主要应用于环境质量控制，并作为工农业经济发展规划的一种依据。环境容量越大，可接纳的污染物就越多，反之则越少。工农业经济发展规划必须考虑环境容量，如工业废弃物

的排放、化肥农药的施用都应以不产生环境危害为原则。

根据环境要素的基本类型，环境容量可以分为大气环境容量、水环境容量和土壤环境容量，不同要素的环境容量有不同的特征和演变规律。根据环境容量测算指标和方法还可以分为绝对容量和年容量、浓度容量和质量容量。不同要素类型和不同污染物性状适用的测算指标和方法不同。

3.2.1.1 环境绝对容量的表达与测算

环境的绝对容量（*WQ*）是某一环境所能容纳某种污染物的最大负荷量，达到绝对容量没有时间限制，即与年限无关。环境绝对容量由环境标准的规定值（*WS*）和环境本底值（*B*）来决定。数学表达式有以浓度单位表示的和以质量单位表示的两种。

A 以浓度单位表示的环境绝对容量

以浓度单位表示的环境绝对容量单位有质量浓度 mg/m^3（或 $\mu g/m^3$）。以浓度单位表示的环境绝对容量的计算公式为：$WQ=WS-B$。例如某地土壤中镉的本底值为 $0.1\mu g/m^3$，农田土壤标准规定的镉的最大容许值为 $1\mu g/m^3$，该地土壤镉的绝对容量则为 $0.9\mu g/m^3$。

B 以质量单位表示的环境绝对容量

任何一个具体环境都有一个空间范围，如一个水库能容多少立方米的水；一片农田有多少亩，其耕层土壤（深度按 20cm 计算）有多少立方米（或吨）；一个大气空间（生活影响空间按 300m 计算）有多少立方米的空气等。对这一具体环境的绝对容量常用质量单位表示。以质量单位表示的环境绝对容量计算公式为：$WQ = M(WS - B)$。如按上面例子中的条件，计算 10 亩农田镉的绝对容量，可以根据土壤的密度，求出耕层土壤的质量 $M(\mathrm{t})$，并把它代入上式，即可求得。如土壤容重 $1.5g/cm^3$，10 亩农田对镉的绝对容量为 1800g。

3.2.1.2 环境年容量的表达与测算

年容量（*WA*）是某一环境在污染物的积累浓度不超过环境标准规定的最大容许值的情况下，每年所能容纳的某污染物的最大负荷量。年容量的大小除了同环境标准规定值和环境本底值有关外，还同环境对污染物的净化能力有关。若某污染物对环境的输入量为 A（单位负荷量），经过一年以后，被净化的量为 A'，$(A'/A)\times100\%=K$，K 称为某污染物在某一环境中的年净化率。以浓度单位表示的环境年容量的计算公式为：$WA = K(WS - B)$，以重量单位表示的环境年容量的计算公式为：$WA = K\cdot M(WS - B)$，年容量与绝对容量的关系为：$WA = K\cdot WQ$，如某农田对镉的绝对容量为 $0.9\mu g/m^3$，农田对镉的年净化率为 20%，其年容量

则为 $0.9\times20\%=0.18\mu g/m^3$。按此污染负荷，该农田镉的积累浓度永远不会超过土壤标准规定的镉的最大容许值 $1\mu g/m^3$。

大气环境容量、水环境容量和土壤环境容量的污染物来源、污染物类型、自净作用能力和特点等有较明显差异，研究方法、指标也不相同。大气环境中非积累性的污染物，如二氧化硫气体，风吹即散，它们在环境中停留的时间很短，依据环境的绝对容量参数来控制这类的污染有重要意义，而年容量的意义却不大。

3.2.2 河北省大气环境容量的影响因素

通常来讲，大气环境容量多指其狭义定义，也就是指满足大气环境目标值(即能维持生态平衡并且不超过人体健康要求的阈值)的条件下，某区域大气环境所能容纳污染物的最大能力，从数值上可以理解所能允许排放的污染物的总量。大气环境容量的狭义定义告诉我们，大气环境容量与污染物的排放是有紧密联系的，我们所研究的对大气环境容量的影响因素其实也就是研究该影响因素对大气污染物的影响。

3.2.2.1 风对大气污染的影响

风、降水等天气因素对大气污染物的稀释、扩散、凝落产生影响，从而会影响大气环境容量。风对大气环境容量的影响主要体现在风向、风速和大气湍流三个方面。

风向对大气环境容量的影响。在风的作用下，悬浮在空气中的污染物会随着风向飘移、扩散。河北省地处北温带季风气候区，常年盛行西北风。本书作者及其团队采集了 2011 年 7 月~2014 年 7 月四年时间内的天气数据资料用以统计归类分析。污染物随风向向东南飘移扩散的概率比较大，在不考虑偏北外来污染输入及其他影响因素的情况下，河北省大气环境容量在主导风向作用下会呈现西北容量大、东南容量小的特点。受风向影响的大气环境容量地区分布特点与季节有一定关系。

风速对大气环境容量的影响。风速是风力等级划分的依据，风速越大，风力等级越高。风速和风力对污染物的扩散稀释作用非常明显，随着风力的增大，单位时间内通过单位体积的空气量增大，湍流扩散增强，研究表明，风速每增大一倍其对大气污染物的扫除能力大约也能提升 1 倍。受风力影响的大气环境容量地区分布特点与季节有一定关系。

大气湍流对大气环境容量的影响。大气湍流是指风的方向和速度经常发生变化，在主导方向上发生的无规则阵发性摆动。大气湍流对污染团有撕扯拉开作用，是污染扩散稀释的主导因素，假如没有湍流作用，污染物团在仅仅会随风飘移，但始终会表现为一个污染团，无法消散。受所在气候区决定，河北省有风日大气湍流比较活跃，但冬季多出现无风静稳大气条件，对污染物扩散稀释不利。

3.2.2.2 降水对大气污染的影响

降水是空气中的水分以液态或固态的形式降落到地面的现象，包括雨、雪、霜、雹、霰等形式，降水对对污染物的影响主要是污染物作为降水的凝结核，会随着降水一起落到地面上，降水也会形成对污染物的吸附冲刷作用。

河北省降水量总体偏少并且阶级分布不均。借助 2011 年 7 月到 2014 年 7 月四年时间的气象资料分析，研究降水对大气环境容量的影响。在不考虑其他影响因素的情况下，河北省大气环境容量在降水作用下呈现明显的季节性差异分布，夏秋季环境容量大，冬春季环境容量小。

3.2.2.3 温度对大气环境容量的影响

温度对大气环境容量的影响主要是从一定区域气团与周边气团温度差异情况角度来探讨的。与四周的温度差异会形成横向气流，即风，前面已经说明。气团间上下温度差异会影响大气垂直稳定度，而大气稳定度又会对湍流的强度产生影响。气温的垂直递减率 γ 以及气温干绝热递减率 γ_d（1℃/100m）之间，当 $\gamma<\gamma_d$ 时，大气处于稳定状态，湍流受到抑制，大气对污染物的扩散稀释能力弱；当$\gamma>\gamma_d$ 时，大气处于不稳定状态，上下层混合强烈或盛行向上气流，扩散稀释能力极强，大气污染物很快会被扩散出去。河北省大部地区被燕山和太行山环抱，沿山城市包括邯郸、邢台、石家庄、保定、北京、唐山等，冬季无风日多，高城镇密度形成连片热岛效应，静稳大气情况多，环境容量会明显下降；张家口、承德等高地城市和沿海秦皇岛市的静稳大气条件比较少见，环境容量一般不会出现明显变化。

3.2.2.4 地形地势条件对大气环境容量的影响

地形地势对大气环境容量的影响主要是通过影响局部地区风、雨、温度等气象条件来实现的。山峰会对风形成阻挡，背风面风的污染驱散作用会大打折扣，但迎风面的污染物很容易被抬升扩散；海与陆地间比热不同，白天和夜晚受热不同，日夜间会分别形成交替的海风和陆风，冬夏间也会形成不同主导风向的海风和陆风，空气湍流比较常见，平原海滨城市会比一般地区环境容量大；山坡和谷地因接受太阳热量不同会形成昼夜不同的山风和谷风，白天山坡气温比谷地高，空气上升形成谷风，利于谷地污染物向上扩散，夜晚山坡气温低于谷地，冷空气向谷地下沉形成山风，并产生逆温，将污染物压在谷地不易扩散，造成谷地大气污染。大城市摩天大楼群也会产生山坡与谷地的效果，可阻碍近地面污染物扩散。

河北省东临渤海、西依太行、北拥燕山，11个地市级城市中4个位于山麓背风坡，2个位于坝上谷地，1个位于海滨。位于坝上谷地的张家口和承德同时也是主导风向的风口，与海滨城市秦皇岛一同成为河北省大气环境容量较大的地区。而山麓背风坡地区则成为河北省大气环境容量的重灾区。

河北山麓多霾的原因是由于影响河北的天气系统大多来自偏西或偏北方向。而燕山和太行山形成的“弧状山脉”对天气系统起到了阻挡和削弱作用，使山麓地区形成了一个“避风港”，大气稳定程度高于山区和平原，大气污染物质不易扩散，大气环境容量小。东南风起作用时，山麓城市污染物质随风遇山阻挡抬升后随高空气流折回下沉，返回原地，加剧了污染程度。

3.2.3 河北省大气环境容量的研究方法

3.2.3.1 当前大气环境容量研究的主要方法及其主要问题

大气环境容量的计算不仅涉及空气质量模式的选取与应用，还涉及污染源、气象条件等基础资料及其数据计算。大气运动没有边界，一定空间区域内外污染物互相传输、互相影响，鉴于气象条件和污染物排放的复杂性，准确计算区域的大气环境容量十分困难。当前大气环境容量研究的主要方法包括A-P值测算法、扩散烟团轨迹法、ADMS大气扩散模型法、ISC-AERMOD模型法、EIAA环评助手法、颗粒物源解析法等等。但由于大气环境容量自身及大气环境污染源调查统计的复杂性，以及大气污染物复合转化污染的复杂性，加上各种方法的自身假定和条件限制，无论哪种方法上都存在不可避免的疏漏和误差，以至于还不能有一种权威的方法被大家共同接受。

3.2.3.2 本课题大气环境容量估测问题的基本思路

由于技术方法的不完善，迄今为止环境容量研究主要集中于基于基准年数据的验证上。由于而且大气环境容量极强的动态变化性，不是一个常数，尚不能对经济社会发展直接提供准确依据，更多的是在理念上进行指导，在行为上提供参考。基于以上认识，设计运用了大气环境容量评价的AQI标准值演变区间值分析法，运用我国空气质量指数AQI（Air Quality Index）标准及我省的实测数据，来倒算环境容量，在测算具体数量的同时，用绝对容量超载的变化周期来通俗的表达，使之简便易懂，能给规划制定者提供直观的理念认识，并起到参考作用。

3.3 河北省大气环境容量研究

河北省有高原、山地、丘陵、平原、海滨多种地形地貌，高度落差达2882m，南北直线距离跨730km，四季天气因素差异大，大气环境容量各地区不同季节差异较大。我们采用先分区再分季节然后总结汇总的思路进行研究。在分区研究时，为防止重复，统一采用取暖季（11 月 15 日～3 月 15 日）期间的数据，不涉及其他时间，具体操作先各市分别研究，然后按特征归类分区，总结区域性环境容量特点。

3.3.1 河北省 11 市大气环境容量理论值情况

河北省各市 AQI 指数都有优良情况，意味着各市大气环境绝对容量的环境本底值都在优良指标范围内，考虑到河北省整体降水量较少，地表扬尘和外来沙尘影响较多，以 AQI 指数 50 作为大气环境本底值，即一级、二级空气质量的分界值，这时，SO_2 为 50μg/m^3、NO_2 为 40μg/m^3、PM_{10} 为 50μg/m^3、CO 为 2μg/m^3、O_3 为 100μg/m^3、$PM_{2.5}$ 为 35μg/m^3。当 AQI 达到 200，空气质量处在四级中度污染的最高值，SO_2 达到 800μg/m^3、NO_2 为 280μg/m^3、PM_{10} 为 350μg/m^3、CO 为 24μg/m^3、O_3 为 265μg/m^3、$PM_{2.5}$ 为 150μg/m^3，这时，易感人群症状有加剧现象，健康人群出现刺激症状，对心脏、呼吸系统有影响。对于重工业较为发达，排放水平比较高的河北省，以空气质量的三级上界作为容量限值操作性难以保障，但四级空气质量已经对人的正常生活生产带来较为明显的影响和损害，宜以此作为环境容量的健康限值。如果 AQI 达到 300，空气质量出现重度污染，SO_2 将达到 1600μg/m^3、$NO_2$565μg/m^3、PM_{10}420μg/m^3、CO 36μg/m^3、O_3 800μg/m^3、$PM_{2.5}$ 250μg/m^3，将显著加剧心脏病和肺病患者症状，使健康人群普遍出现症状，这个界限值可以作为环境容量的安全限值。

河北省浓度表示的健康保障性大气环境绝对容量：

$$WQ = WS - B = \text{AQI200} - \text{AQI50}$$

其中 SO_2 容量为 750μg/m^3、NO_2 为 240μg/m^3、PM_{10} 为 300μg/m^3、CO 为 22μg/m^3、O_3 为 165μg/m^3、$PM_{2.5}$ 为 115μg/m^3。河北省浓度表示的安全保障性大气环境绝对容量 $WQ = WS - B = \text{AQI300} - \text{AQI50}$，其中 SO_2 容量为 1550μg/m^3、NO_2 为 525μg/m^3、PM_{10} 为 370μg/m^3、CO 为 34μg/m^3、O_3 为 700μg/m^3、$PM_{2.5}$ 为 215μg/m^3。

河北省重量单位表示的安全保障性大气环境绝对容量，假定各地大气环境自净能力相同，按照公式 $WQ = M(WS - B)$ 可以计算出理论结果，见表 3-8。

表 3-8 河北省质量单位表示的安全保障性大气环境绝对容量理论值

地区	面积 /km^2	空高/m	安全保障性大气环境绝对容量/t					
			SO_2	NO_2	PM_{10}	CO	O_3	$PM_{2.5}$
石家庄	15848	300	7369.32	2496.06	1759.13	161.65	3328.08	1022.20

续表 3-8

地区	面积/km^2	空高/m	安全保障性大气环境绝对容量/t					
			SO_2	NO_2	PM_{10}	CO	O_3	$PM_{2.5}$
邢台	12486	300	5805.99	1966.55	1385.95	127.36	2622.06	805.35
邯郸	12066	300	5610.69	1900.40	1339.33	123.08	2533.86	778.23
保定	22185	300	10316.03	3494.14	2462.54	226.29	4658.85	1430.93
唐山	13472	300	6264.48	2121.84	1495.39	137.41	2829.12	868.94
廊坊	6500	300	3022.50	1023.75	721.50	66.30	1365.00	419.25
衡水	8815	300	4098.98	1388.36	978.47	89.91	1851.15	568.57
沧州	13419	300	6239.84	2113.49	1489.51	136.87	2817.99	865.53
秦皇岛	7812	300	3632.58	1230.39	867.13	79.68	1640.52	503.87
承德	39519	300	18376.34	6224.24	4386.61	403.09	8298.99	2548.98
张家口	36800	300	17112.00	5796.00	4084.80	375.36	7728.00	2373.60

3.3.2 河北省 11 市考虑环境自净能力的大气环境容量情况

分析近三年全省 11 个市的地势地形特点、风速风级和降水情况等数据，参见表 3-9，在不考虑污染排放的情况下，河北省 11 个市的年度大气环境自净能力指数❶分别为：石家庄 104.13%、邢台 67.57%、邯郸 142.94%、保定 93.71%、唐山 100.83%、廊坊 92.98%、衡水 88.26%、沧州 101.10%、秦皇岛 101.24%、承德 104.48%、张家口 101.46%，邯郸年度大气环境自净能力最强，邢台年度大气环境自净能力最差。大气环境自净能力与大气环境容量密切相关，经大气环境自净能力指数调整后河北省重量单位表示的安全保障性大气环境绝对容量见表 3-10。

表 3-9 河北省 11 市大气环境容量密切相关指标及自净能力指数表

城市	地势地形	地表风和降水情况日数				大气环境自净能力指数/%
		风≥3 级	≥小雨	风≥3 级且≥小雨	无有效风和降水	
石家庄	太行东麓	129	40	33	156	104.13
邢台	太行东麓	87	52	20	197	67.57
邯郸	太行东麓	95	52	21	189	142.94
保定	太行东麓	65	65	10	216	93.71

❶ 区域年度大气环境自净能力指数 = $1/[(1.2f+y+1.5fy-pw)/365]+100$，$f$ 代表 3 级及以上有风但无有效降水天数，y 代表小雨以上量级降水但无风或微风天数，fy 代表 3 级及以上有风并且有小雨以上量级降水天数，pw 代表无风（微风）日数和无有效降水天数。

续表 3-9

城市	地势地形	地表风和降水情况日数				大气环境自净能力指数/%
		风≥3 级	≥小雨	风≥3 级且≥小雨	无有效风和降水	
唐山	平原近山	259	8	83	6	100.83
廊坊	平原	70	63	10	214	92.98
衡水	平原	82	56	13	205	88.26
沧州	平原	235	10	61	51	101.10
秦皇岛	滨海	202	14	72	69	101.24
承德	山地谷地	97	80	26	154	104.48
张家口	山地谷地	173	52	49	83	101.46

表 3-10 质量单位表示的安全保障性大气环境绝对容量环境自净能力调整值

地区	调整指数	安全保障性大气环境绝对容量/t					
		SO_2	NO_2	PM_{10}	CO	O_3	$PM_{2.5}$
石家庄	1.04	7664.09	2595.90	1829.50	168.12	3461.20	1063.09
邢台	0.68	3948.07	1337.25	942.45	86.60	1783.00	547.64
邯郸	1.43	8023.29	2717.57	1915.25	176.00	3623.42	1112.87
保定	0.94	9697.07	3284.49	2314.79	212.71	4379.32	1345.07
唐山	1.01	6327.13	2143.06	1510.34	138.78	2857.41	877.63
廊坊	0.93	2810.93	952.09	670.99	61.66	1269.45	389.90
衡水	0.88	3607.10	1221.76	861.05	79.12	1629.01	500.34
沧州	1.01	6302.24	2134.63	1504.40	138.24	2846.17	874.18
秦皇岛	1.01	3668.91	1242.69	875.80	80.48	1656.93	508.91
承德	1.04	18376.34	6224.24	4386.61	403.09	8298.99	2548.98
张家口	0.68	17112.00	5796.00	4084.80	375.36	7728.00	2373.60

3.3.3 河北省 11 市常态污染物排放水平下的大气环境容量情况

在近年常态排污水平情况下，空气质量 AQI 指数可以简明地说明排放水平与大气环境容量之间的关系。表 3-11 数据显示，按照本书提出的较为宽松的健康保障型大气环境容量标准来说，邢台每年 36.76%的天数处于超健康保障型大气环境容量标准状态，石家庄超限天数为 35.85%，邯郸超限天数占比 22.06%，保定超限天数占比 25.92%，衡水为 22.06%，廊坊为 19.85%，唐山为 18.20%，沧州为 14.52%，秦皇岛、承德、张家口三地较好，年度超健康保障型大气环境容量标准分别为 4.60%，3.13%，2.94%。按照污染的定义，如果环境容量大于污染物排放量，就不会出现污染，所以，以上比例可以在一定程度上表示在常态污染水平下的大气环境容量基本情况。

表 3-11 河北省 11 市空气环境质量年度 AQI 指数情况表

城市	AQI 指数									
	≥301 严重		≥201 重度		150~200 中度		100~150 轻度		≤100 优和良	
	占比	天数	占比	天数	占比	天数	占比	天数	占比	天数
邢台	15.81	57.70	36.76	134.19	21.14	77.16	30.15	110.04	11.95	43.61
石家庄	15.63	57.03	35.85	130.84	18.57	67.77	27.94	101.99	17.65	64.41
邯郸	8.09	29.52	22.06	80.51	17.46	63.74	41.18	150.29	19.31	70.45
保定	9.93	36.23	25.92	94.60	17.10	62.40	32.72	119.43	24.26	88.57
衡水	7.90	28.85	22.06	80.51	18.57	67.77	38.24	139.56	21.14	77.16
廊坊	6.25	22.81	19.85	72.46	13.24	48.31	30.51	111.38	36.40	132.85
唐山	5.33	19.46	18.20	66.42	18.75	68.44	31.99	116.75	31.07	113.40
沧州	3.49	12.75	14.52	53.01	13.05	47.64	34.01	124.13	38.42	140.23
秦皇岛	0.74	2.68	4.60	16.77	8.82	32.21	21.88	79.84	64.71	236.18
承德	0.92	3.35	3.13	11.41	5.70	20.80	21.32	77.83	69.85	254.96
张家口	0.92	3.35	2.94	10.74	4.41	16.10	16.36	59.72	76.29	278.45

各地环境容量与排污水平的相关关系可以借助排满容量时间来表达，即在空气质量优良条件下（近似环境本底值），按照常态大气污染物排放水平，大气环境质量经过多长时间会达到环境容量限值。这个指标可以非常简明的表达常态排放条件下的环境容量，使环境容量更通俗易懂。

$$a = R_{容} / R_{超}$$

式中，a 为排满容量时间，即考虑常态排放水平条件下的用时间表达的环境容量，该指标数值越大，环境容量越大，环境质量越好；$R_{容}$ 为一定时间范围内（一般用年）环境容量限值以内空气质量时间；$R_{超}$ 为一定时间范围内（一般用年）超过环境容量限值的空气质量时间。

从表 3-12 可以看出，常态排放水平条件下用时间表达的环境容量，即大气环境排满容量时间，邢台市最小，常态排放年平均 1.72 天就会达到安全保障性大气环境绝对容量，年平均 5.33 天就会达到健康保障性大气环境绝对容量；其次是石家庄，该两个数值分别是 1.79 和 5.40；张家口市正常排放大气污染物，年平均 33.00 天达到健康保障性大气环境绝对容量，年平均 107.80 天达到安全保障性大气环境绝对容量。

表 3-12 河北省 11 市空气环境质量相关指标情况表

城市	排满容量时间（常态排放水平条件下时间表达的环境容量）							
	年度		取暖期		春夏期		夏秋期	
	$a_{健}$	$a_{安}$	$a_{健}$	$a_{安}$	$a_{健}$	$a_{安}$	$a_{健}$	$a_{安}$
邢台	1.72	5.33	0.58	1.73	3.60	19.00	1.35	6.50
石家庄	1.79	5.40	0.64	1.61	2.93	12.33	2.08	6.06
保定	2.86	9.074	0.76	2.64	7.03	29.00	4.71	12.33
邯郸	3.53	11.37	1.07	2.64	6.06	29.00	4.00	59.00
衡水	3.53	11.65	1.18	3.14	6.5	119.00	5.00	39.00
廊坊	4.04	15.00	1.61	5.32	6.5	119.00	5.67	39.00
唐山	4.50	17.76	2.16	5.32	9.00	59.00	5.67	39.00
沧州	5.89	27.63	2.08	7.58	12.33	#（120）	12.33	#（120）
秦皇岛	20.76	135.00	8.23	39.00	119.00	#（120）	29.00	#（120）
承德	31.00	107.80	12.00	29.00	59.00	#（120）	119.00	#（120）
张家口	33.00	107.80	19.91	39.00	119.00	#（120）	#（120）	#（120）

3.3.4 河北省大气环境容量分季节时期研究

从季节差异来看，考虑现实中冬季采暖对空气环境质量的影响，以多数地区的采暖期 11 月 15 日~次年 3 月 14 日为一个分析期，依此时间间隔为标准，3 月 15 日~7 月 14 日为另一个分析期，称为春夏期，2014 年 7 月 15 日~11 月 14 日为在一个分析期，为夏秋期。经分析整理相关数据，测算得到表 3-12 的数据。从表 3-12 可以看出，常态排放水平条件下取暖期用时间表达的环境容量，即大气环境排满容量时间明显小于其他时间，夏秋期最优，春夏期介于两者之间。

3.3.5 河北省大气环境容量总体情况

以上分析说明，河北省大气环境容量从理论上来讲受风、雨和地形影响，在全国处于中等偏下的水平，考虑当前常态排污水平，河北省整体上大气污染水平较高，说明大气环境容量已经饱和并出现负值。

从理论上来讲，大气环境容量应该全年不超限。就空气质量标准而言，河北省各地都存在较为严重的健康保障性大气环境绝对容量和明显超过安全保障性大气环境绝对容量的问题。从健康保障性大气环境层面来看，邢台大气环境容量最小，仅够 1.72 天消耗使用，石家庄与其基本相当，大气环境容量仅够 1.79 天消耗使用。张家口、承德、秦皇岛三地在全省环境容量最大，但也存在超环境容量问题。

从季节角度来分析，全省所有地区取暖期（11 月 15 日~次年 3 月 14 日）大气环境容量都严重超限，邢台、石家庄、保定平均不到一天就会突破健康保障性大气环境绝对容量，使空气呈现中度污染状态，邯郸、衡水、廊坊大气环境容量不够两天使用，唐山、沧州仅够两天，连环境质量最优的张家口在取暖期的大气环境容量也就够 19.91 天的排放使用。春夏期（3 月 15 日~7 月 14 日）全省各市大气环境容量的情况是全年最好的，但石家庄也仅够 2.91 天使用，张家口和秦皇岛接近最理想状态，120 天中仅有 1 天出现超限问题。邢台、石家庄、保定、邯郸、衡水、廊坊、唐山等 7 市夏秋期（7 月 15 日~次年 11 月 14 日）大气环境容量的情况接近全年平均水平，沧州、秦皇岛、承德、张家口四市夏秋期明显优于全年平均，尤其承德和张家口，夏秋期环境容量接近满分。

从整体角度来看，河北省环境容量压力巨大，大气环境容量严重超限，呈现山区优于平原的特点，并呈现较为明显的带状分布特点。就大气环境容量而言，北部张家口—承德—秦皇岛一线空气质量相对较好，大气环境容量偶有超限问题；太行山东麓的邯郸—邢台—石家庄—保定一线空气质量最差，大气环境容量严重超限；唐山—廊坊—衡水—沧州一线，空气质量在省内水平居中，大气环境容量常有超限问题。就水环境容量而言，太行山—燕山山地一线水质好，水环境容量基本能满足需要；太行山东麓—燕山南麓冲积扇一线水质较好，水环境容量大部分不存在污染浓度超限问题；京广铁路—京山铁路一线以东以南的平原地区，地表水流动性差、水量小、污染排放强度大、污染浓度高，水环境容量超限问题严重。就土壤环境容量而言，太行山—燕山山地及其山麓地带土壤污染问题较少，基本在环境容量限度内，但采矿区呈点状分布有重金属超标地区；京广铁路—京山铁路一线以东以南的平原地区，土壤污染物呈点状分布，部分较高，京九铁路沿线附近的低洼地区和污灌地区土壤环境容量超限问题严重。

河北省环境容量超限问题从根本上来说是工农业生产方式粗放，产业结构偏重、能源结构偏低层次的问题。经济总量与污染物排放有密切的关系，但不是环境污染的借口，比河北省面积小得多的比利时、荷兰等欧洲国家经济总量是河北省的数十倍，但环境质量优良；广东、浙江等国内发达省份经济总量是河北省的数倍，其环境容量超限程度总体上优于河北省。所以，从社会经济发展规划的角度来讲，河北省“十三五”期间不是不能保持经济增长势头，而是不能再以数量扩张方式换取增长，而是要着力改善工农业生产方式，下大力气调整产业结构，深入进行能源革命，实行煤炭替代政策，靠绿色崛起带动经济增长。

河北省大气环境容量、水环境容量和土壤环境容量不是孤立的，而是存在着密切的联系。大气污染物随沉降作用和降水落到土壤和地表水中，加剧土壤和地表水污染，水污染物随水流向地洼地区汇集，并随污灌、污水漫流与河床干涸耕作而加剧土壤污染。当大气污染和水污染不明显的时候，这种污染传导累积效应不明显。但随着大气污染和水污染的加剧，大气污染对水污染和土壤污染、水污染对土壤污染的这种影响会迅速显现。由于河北省平原地区地表水流速低、水量小、自净能力差，土壤中水分少自净能力极差，大气污染物对水污染和土壤污染的加剧作用更为明显。所以，治理大气污染，拓展大气环境容量就成为重中之重。

4 河北省大气污染的产业和能源结构影响分析

4.1 河北省产业区域布局和结构特点对大气污染的影响

河北省是全国著名的重工业省份，产业结构不均衡，且多为资源消耗型和重污染型的行业。研究表明，河北省的大气污染比较典型的表现为还原型一次污染，主要污染源为工业和生活能源燃烧排放。为了进一步明确这种情况，需要对河北省的产业结构进行研究。

4.1.1 耗煤量和大气污染的关系

查阅相关资料可以获得一般工业排放的基准数据。主要工业企业大气污染物排放水平为：

燃煤一般排放水平：燃烧1t煤，产生1600×w(S)kg SO_2（w(S)为含硫率），1万立方米废气，产生200kg烟尘。

燃油一般排放水平：燃烧1t柴油，排放2000×w(S)kg的SO_2，1.2万立方米废气，排放1kg烟尘；燃烧1t重油，排放2000×w(S)kg的SO_2，1.6万立方米废气，排放2kg烟尘。

工业锅炉燃烧1t标准煤，产生2.6t的CO_2，8.5kg的SO_2，7.4kg的氮氧化物。对于大电厂，尤其是规模以上的电厂，烟尘如果治理好的话，去除率超过98%，烧1t煤，排放烟尘3~5kg，发一度电，需耗煤334g；而普通企业，如果有一般治理设施的话，烧1t煤，排放烟尘10~15kg。

对于水泥厂，如果是规模以上企业，每吨水泥产品排放3~7kg粉尘，1kg二氧化硫；如果是乡镇小水泥厂，每吨水泥产品排放12~20kg粉尘，1kg二氧化硫。

由以上资料可以看出，在讨论大气污染的时候，能源消耗的影响很大，我国目前燃料的重点仍是煤炭，河北省的煤耗量常年保持在亿吨以上，对大气环境污染存在较为明显的影响。

4.1.2 河北省基本产业以高能耗为主

河北省的主要产业有哪些？这些产业与大气污染关系如何，查阅河北省经济年鉴和统计公报，得到河北省主要产业的基本数据，见表4-1。

表4-1 河北省主要行业产值情况表 （亿元）

行　业	产值	行　业	产值
黑色金属冶炼及压延加工业	1031.84	通信设备计算机及其他电子设备制造	64.00
电力、热力的生产和供应业	495.71	塑料制品业	56.51
化学原料及化学制品制造业	274.11	造纸及纸制品业	55.04
非金属矿物制品业	273.97	橡胶制品业	43.27
煤炭开采和洗选业	241.19	水的生产和供应业	43.14
电气机械及器材制造业	225.71	纺织服装、鞋、帽制造业	24.65
石油和天然气开采业	184.22	印刷业和记录媒介的复制	24.39
黑色金属矿采选业	181.46	木材加工及木竹藤棕草制品业	23.82
交通运输设备制造业	166.16	皮革、毛皮、羽毛（绒）及其制品业	22.21
金属制品业	164.41	仪器仪表及文化、办公用机械制造业	18.37
通用设备制造业	151.12	燃气生产和供应业	15.26
专用设备制造业	147.27	家具制造业	14.12
石油加工、炼焦及核燃料加工业	142.37	烟草制品业	13.16
医药制造业	116.81	非金属矿采选业	12.08
农副食品加工业	103.53	工艺品及其他制造业	11.97
纺织业	100.97	有色金属矿采选业	10.22
有色金属冶炼及压延加工业	77.52	化学纤维制造业	6.29
食品制造业	69.76	废弃资源和废旧材料回收加工业	4.81
饮料制造业	68.37	文教体育用品制造业	3.82

数据来源《河北省经济年鉴》。

从表4-1中可以清楚地看到，河北省全省的产值排名靠前的行业有黑色金属冶炼以及压延加工业、电力和热力的生产和供应业、化学原料及化学制品制造业、非金属矿物制品业和煤炭开采即洗选业。这几个行业都是高污染、高耗能的行业。虽然河北省在我国的经济排名中排在第7名左右的名次，但是这样的产值却是靠以上这些重污染的行业拉动的，因此，这样的发展方式必须给予一定的调整，才能帮助河北省更好的发展成为经济强省。

大气污染物排放主要体现为化石燃料燃烧排放和工农业作业中的尘类排放及扬撒，化石燃料燃烧排放中尤以煤炭为主，河北省的主要行业能源使用情况如何呢？本书作者查阅相关统计资料，得到表4-2。

表 4-2 河北省主要行业耗煤量 （万吨标准煤）

行　业	能源消耗量	行　业	能源消耗量
规模以上工业综合能源消费量	18117.87	—	—
六大高耗能行业能耗	16291.02	—	—
黑色金属冶炼及压延加工业	8812.55	化学原料及化学制品制造业	986.55
电力、热力的生产和供应业	3881.98	煤炭开采和洗选业	868.84
非金属矿物制品业	1115.42	石油加工、炼焦及核燃料加工业	625.67
其他行业能耗	1826.86	—	—
黑色金属矿采选业	217.41	皮革、毛皮、羽毛（绒）及制品业	40.54
农副食品加工业	202.30	有色金属冶炼及压延加工业	35.47
通用设备制造业	189.81	化学纤维制造业	27.60
造纸及纸制品业	138.96	非金属矿采选业	21.48
纺织业	131.88	通信设备、计算机及其他	18.72
医药制造业	118.78	家具制造业	14.48
金属制品业	84.82	纺织服装、鞋、帽制造业	13.01
交通运输设备制造业	73.03	印刷业和记录媒介的复制	8.78
专用设备制造业	66.09	有色金属矿采选业	7.13
石油和天然气开采业	64.93	水的生产和供应业	6.16
塑料制品业	63.37	工艺品及其他制造业	5.00
橡胶制品业	56.74	仪器仪表及文化、办公用仪表	3.99
电气机械及器材制造业	56.03	废弃资源和废旧材料回收加工	3.28
食品制造业	55.27	烟草制品业	3.11
饮料制造业	51.82	文教体育用品制造业	2.11
木材加工及木竹藤棕草制品业	43.26	燃气生产和供应业	1.52

数据来源：《河北省经济年鉴》。

从表 4-2 中可以清楚地看到，黑色金属冶炼及压延加工业、电力和热力的生产和供应业、非金属矿物制品业、化学原料及化学制品制造业、煤炭开采和洗选业和石油加工、炼焦及核燃料加工业这六大行业都属于高耗能产业，耗煤量都远远超过其他行业。说明这些行业的污染排放量相应的也会比较高一些。

通过表 4-1 和表 4-2 的信息对比，可以看到，河北省高产值和高耗能行业是重合的。这恰恰说明了河北省的经济发展是依靠高耗能行业发展起来的。而这些高耗能行业给河北省带来的除了 GDP 外，更多的还是环境污染问题。因此，为了河北省的长远发展，必须要对这些行业进行整治或调整。

4.1.3 河北省产业结构仍体现为高能耗第二产业为主的特点

从表4-3中可以看出，改革开放以来，河北省的产业结构发生了显著的变化，从三次产业产值占地区生产总值的比重来看，第一产业的比重呈现明显下降的趋势，从1980年的31.06%下降到2017年的9.8%，下降了21%；第二产业则呈现起伏态势，从1980年的48.29%增长到2008的54.3%，经历两年微降后2011年再次突破54%；第三产业所占的比重的增长要比第二产业明显的多，从改革开放初期的1980年的20.65%增长到2007年的34.01%，到2017年已经突破41%。一般认为，第二产业大气污染最为典型，第三产业大气污染小，第一产业大气污染特性介于以三产业之间，2006~2013年之间，河北省第二产业的比重超过52%，也正是这个时间段，河北省的大气污染问题逐步走进大众的视野，成为举国关注的问题。与全国平均产业结构水平相比，从表中可以看出，全国三大产业的数据均大体呈现平滑变动，一二产业大体呈现逐年下降态势，第三产业呈现较快增长态势，2012年，全国第二产业和第三产业占比持平，成为一个分水岭，此后，第三产业占比不超过第二产业，2016年开始，第三产业开始超过第二产业10个以上百分点。1995~2012年间河北省第二产业不降反增，与河北省快速发展钢铁、煤炭、玻璃、建材等重工业和京津大批重工业转移到河北省有重要的关系，同时，也为河北省改变原有的碧水蓝天面貌，成为大气污染重灾区有密切关系。从河北省与全国的数据对比来看，河北省的产业结构不协调的矛盾还相当突出，需要进一步发展和转型。

表4-3 河北省三次产业产值比重与全国的比较 (%)

年份	河北省			全国		
	第一产业	第二产业	第三产业	第一产业	第二产业	第三产业
1980	31.06	48.29	20.65	30.2	48.2	21.6
1985	30.33	46.44	23.23	28.4	42.9	28.7
1990	25.43	43.23	31.34	27.1	41.3	31.6
1995	22.16	46.42	31.42	19.9	47.2	32.9
2000	16.35	49.86	33.79	15.1	45.9	39.0
2005	14.89	51.83	33.28	12.2	47.7	40.1
2006	13.78	52.44	33.78	11.3	48.7	40.0
2007	13.17	52.82	34.01	11.3	48.6	40.1
2008	12.7	54.3	33	10.3	46.9	42.8
2009	13.0	52.1	34.9	9.8	45.9	44.3

续表 4-3

年份	河北省			全国		
	第一产业	第二产业	第三产业	第一产业	第二产业	第三产业
2010	12.7	53.0	34.3	9.5	46.4	44.1
2011	12.0	54.1	33.9	9.4	46.4	44.2
2012	11.9	52.9	35.2	9.4	45.3	45.3
2013	11.9	52.2	36	9.3	44	46.7
2014	11.7	51.3	37.1	9.1	43.1	47.8
2015	11.5	48.5	40	8.4	41.1	50.5
2016	11.0	47.6	41.5	8.1	40.1	51.8
2017	9.8	48.4	41.8	7.6	40.5	51.9

经过数十年的发展，河北省三次产业结构模式由建国初期的“一二三”型演变为改革开放初期的“二一三”型，又演变为当前的“二三一”型，从趋势上看正逐步向“三二一”型的合理化产业结构体系迈进。但是河北省的产业结构还存在很多不合理的地方，主要有：

第一、第三产业发展缓慢，比重偏低。河北省第三产业发展缓慢，且比重与全国平均水平相比有一定差距，特别是进入新世纪以来，这个差距有增大的趋势。

第二产业比重偏大，资源依赖度较高。一直以来，河北省就是一个重工业大省，第二产业在国民经济中所占的比重突出，从上表中可以看出，第二产业占了地区生产总值的一半左右，而重化工工业在第二产业中的比重又是最大的，并且发展的粗放度较高，这些传统的行业仍然是河北省经济发展的支柱行业，而满足人们最终需求的轻工业以及重加工业比重较低，且多为资源依赖度较高的产业。我省资源性的传统产品占产品总数的一半以上，而全国的平均水平则仅为三分之一左右。这明显看出，我省对自然资源的依赖程度很高。

4.2 河北省主要高能耗行业基本情况

在全国范围内，二氧化硫排放量居前几位的行业：电力热力的生产和供应业、非金属矿物制品业、黑色金属冶炼及压延加工业、化学原料及化学制品制造业、有色金属冶炼及压延加工业、石油加工炼焦及核燃料加工业。上述 6 个行业二氧化硫排放量合计占工业源二氧化硫排放量的 88.5%。2001 年来全国主要行业产品产量以及折算成的耗煤量见表 4-4。

表 4-4 2001 年来全国主要行业产品产量以及折算成的耗煤量

行业	2001		2002		2003		2004	
	产量	耗煤量	产量	耗煤量	产量	耗煤量	产量	耗煤量
钢铁	15745	944.7	19218	1153.1	24119.4	1447.2	29723.1	1783.4
水泥	64000	10432	72500	11817.5	86200	14050.6	97000	15811
火电	14780	54981.6	16450	61194	19107.6	71080.3	21870	81356.4
行业	2005		2006		2007		2008	
	产量	耗煤量	产量	耗煤量	产量	耗煤量	产量	耗煤量
钢铁	39692	2381.5	47339.6	2840.4	56894.4	3413.7	58488.1	3509
水泥	106000	17278	124000	20212	136000	22168	140000	22820
火电	20180	75069.6	23573	87691.6	27218.3	101252	27900.8	103791
行业	2009		2010		2011		2012	
	产量	耗煤量	产量	耗煤量	产量	耗煤量	产量	耗煤量
钢铁	69626.3	4177.6	79775.5	4786.5	88258.2	5295.5	95317.6	5719
水泥	165000	26895	188000	30644	209000	34067	221000	36023
火电	29827.8	110959.4	33301.3	123880.8	38253.2	142301.9	38554.5	143422.7

注：耗煤量单位为亿吨标准煤，钢铁水泥产量单位为万吨，火电产量单位为亿千瓦·时，玻璃产量单位为万标箱。

烟尘排放量居前几位的行业：电力热力的生产和供应业、非金属矿物制品业、黑色金属冶炼及压延加工业、化学原料及化学制品制造业、造纸及纸制品业、农副食品加工业。上述 6 个行业烟尘排放量合计占工业源烟尘排放量的 83.4%。

氮氧化物排放量居前几位的行业：电力热力的生产和供应业、非金属矿物制品业、黑色金属冶炼及压延加工业、化学原料及化学制品制造业、石油加工炼焦及核燃料加工业。上述 5 个行业氮氧化物排放量合计占工业源氮氧化物排放量的 91.5%。

粉尘排放量居前几位的行业：非金属矿物制品业、黑色金属冶炼及压延加工业、石油加工炼焦及核燃料加工业、木材加工及木竹藤棕草制品业。上述 4 个行业粉尘排放量合计占工业粉尘排放量的 69.6%。

分析认为，全国污染排放严重的前十行业有火电、水泥、焦化、铁合金、钢铁、铝厂、玻璃、有色金属冶炼、石油化工、化学原料加工。

河北省污染排放严重的前六行业主要是钢铁、建材、石化、电力、水泥、玻璃。河北省 11 市按产值规模和大气污染排放综合水平划分主导产业分别是：石家庄，火电；唐山，钢铁；邯郸，钢铁；保定，火电；邢台，玻璃、水泥；廊坊，钢铁；沧州，水泥；衡水，玻璃。2001年来河北省主要行业产品产量以及折算成的耗煤量见表4-5。

表4-5 2001年来河北省主要行业产品产量以及折算成的耗煤量

行业	2001		2002		2003		2004	
	产量	耗煤量	产量	耗煤量	产量	耗煤量	产量	耗煤量
钢铁	2039.3	122.4	2628.7	157.7	4035.0	242.1	5641.4	338.5
水泥	4884.3	796.1	5739.1	935.5	6611.4	1077.7	7825.5	1275.6
火电			1014.2	3772.8	1088.2	4048.1	1255.6	4670.8
玻璃			2769.6	5.26	3129.6	5.95	3612.3	6.86

行业	2005		2006		2007		2008	
	产量	耗煤量	产量	耗煤量	产量	耗煤量	产量	耗煤量
钢铁	7386.4	443.2	8467.1	508	10510.3	630.6	11571.8	694.3
水泥	8850.0	1442.6	8492.7	1384.3	9107.8	1484.6	8953.0	1459.3
火电	1338.6	4979.6	1461.0	5434.9	1645.9	6122.7	1599.8	5951.3
玻璃	4964.3	9.43	5808.4	11.04	7644.1	14.52	8676.1	16.48

行业	2009		2010		2011		2012	
	产量	耗煤量	产量	耗煤量	产量	耗煤量	产量	耗煤量
钢铁	15458.7	927.5	16757.2	1005.4	19226	1153.6	20995.2	1259.7
水泥	10819.8	1763.6	12594.3	2052.9	13972.4	2277.5	12809.8	2088
火电	1679.1	6246.3	1922.6	7152.1	2281.3	8486.4	2370.9	8819.7
玻璃	9565.8	18.18	12033.8	22.86	13617.8	25.87	11382.7	21.63

注：耗煤量单位为亿吨标准煤，钢铁水泥产量单位为万吨，火电产量单位为亿千瓦·时，玻璃产量单位为万标箱。

河北省主要的火电厂及其分布有：火力发电厂沙岭子电厂（河北张家口市）；大唐沙岭子电厂（河北省张家口市宣化县）；大唐陡河电厂（河北省唐山市开平区）；华能邯峰电厂（河北省邯郸市）；华能上安电厂（河北省石家庄市井陉县上安镇）；邢台电厂（河北省邢台市）；西柏坡电厂（河北省石家庄市平山县）和河北保定热电厂。

河北省主要的钢铁厂及其分布有邯郸钢铁有限公司，承德钢铁集团有限公司，宣化钢铁集团有限公司，邢台钢铁有限公司，河北文丰钢铁有限公司（河北省邯郸市），德龙钢铁有限公司（唐山市乐亭县），秦皇岛首钢板材有限公司，河北津西钢铁股份有限公司（河北省唐山市），新兴铸管股份有限公司（河北省邯郸市），石家庄钢铁有限责任公司，邯郸纵横钢铁集团有限公司，承德建龙钢铁有限公司，河北前进钢铁集团有限公司（廊坊霸州市），河北唐山瑞丰钢铁有限公司，河北中钢钢铁有限公司（唐山市），河北新钢钢铁集团有限公司（廊坊市文安县），霸州市新利钢铁有限公司，河北兴华钢铁有限公司（邯郸武安市），武安市元宝山工业集团，河北东山冶金工业有限公司（邯郸武安）。

河北省主要的玻璃厂及其分布有河北海源玻璃有限公司（邢台），河北晶牛集团浮法玻璃公司（邢台），邢台鑫源石粉有限公司，邢台市政建设集团有限公司水泥制品二厂，河北海润玻璃有限责任公司（邢台），邢台水泥厂，宁晋县国运水泥有限公司，沙河市恒昌玻璃有限公司，河北沙河泰达玻璃有限责任公司，鑫达格法玻璃厂，冀湘格法玻璃总厂，河北金玉陶瓷有限公司，宏政玻璃厂，沙河市信得建材有限公司压延玻璃厂。

为了克服主导产业的能源消耗污染问题，必须要致力于开发新能源，提高城市清洁能源使用比重。实施“气化河北”，加大天然气、石油气和煤质天然气供应。在居民生活上，提高天然气利用率，在城市核心区内实现无煤化，禁止燃烧各种可燃废物和直接燃用生物质燃料，以及污染物含量超过国家规定限值的柴油、煤油、人工煤气等高污染燃料。在工业上，所有使用高污染燃料的，全部关掉或者迁出。通过政策补偿和实施峰谷电价、季节性电价、阶梯电价、调峰电价等措施。逐步推行天然气或电替代煤炭。同时，对一些企业的排污要进行严格综合治理。各个企业的环保设施必须运行正常，污染物的排放稳定达标。凡是不达标的，应当立即关停。对于布局分散、装备水平低、环保治理设施差的小型工业企业实施分类治理，综合整顿，提升改造一批、集约布局一批、搬迁出市区一批，关停并转一批。对于环保手续不全的非法企业坚决予以取缔。并且，要加强煤炭管治。严格控制煤炭硫分、灰分。市区内禁止储存、销售和使用硫分高于0.8%的煤炭。县区内禁止储存、销售和使用硫分高于1%的煤炭。这一点主要通过在市区的出入口处设置煤质检测站。查验运输煤炭进市车辆煤质检验单等运营手续，检验煤质。对重点用煤企业实行驻厂监管和限煤质、限煤量、限排放措施，每批次煤炭均进行煤质检验。超标煤炭一律封存，不得燃用，并对企业实施顶格处罚。

4.3 河北省大气污染与主导产业的能源消耗关系分析

河北省的能源资源禀赋较好、能源品种齐全，是能源生产大省，同时又是能源消费大省。煤炭、石油、天然气等储量比较丰富，其一次能源生产量平均占全国生产总量的3%~4%，河北省的能源生产结构和能源消费结构都是以煤炭为主，根据其历年的能源消费数据来看，煤炭的消费占有绝对的优势，平均占总能源消费的90%左右，远远高于全国70%的平均水平。作为我国重要的能源和基础工业基地，河北省在煤炭等方面的资源优势得天独厚，能源工业也取得了巨大的成就。但是，河北省属于能源输入省份，产业结构能耗不合理，以燃煤为主的发电投资比重过大。所以，必须清醒地认识到，河北省的这些成就主要是依靠大量消耗能源资源的粗放发展模式取得的，这种粗放发展模式使得原本就短缺的能源资源和脆弱的生态环境面临着更大的压力，而此模式所支撑的快速发展的经济也不会持久。近几年，河北省的能源消费对经济增长的贡献率有所下降，而能源消费引起的大气污染却越发严重，由此引发了两者之间的关系探讨，并运用决策模型进行具体分析。本节数据来源于1996~2014年《河北经济年鉴》《中国统计年鉴》《中国能源统计年鉴》《中国环境统计年鉴》《河北环境公报》《河北省国民经济和社会发展公报》等，具有可比性和客观性。

4.3.1 河北省主导产业的能源消费

在河北省的传统优势工业产业中，根据所有产业的工业总产值和能耗情况统计筛选，最终选出六大主导产业，分别为煤炭开采和洗选业、石油加工炼焦及核燃料加工业、化学原料及化学制品制造业、非金属矿物制品业、黑色金属冶炼及压延加工业、电力热力的生产和供应业。如表4-6所示，从近九年的数据来看，河北省的能源消费总量呈快速增长趋势，工业总产值增速明显，2013年与2005年相比，总能耗增加了57%，工业总产值增加了320%。这六大高耗能产业的总产值之和平均占河北省工业总产值的48%，总耗能之和平均占全省能源消费总量的61%，占全省规模以上工业企业能源消费总量高达90%。由此可见河北省近几年的经济发展非常迅速，这六大高耗能行业在经济发展中占有绝对主导地位，全省的能源消费中这六大高耗能产业也是占绝大多数。因此，河北省大气环境质量的恶化与这些主导产业的发展必然相关。

表4-6 河北省六大高耗能行业总能耗与总产值

年份	一次能源消费总量/万吨标准煤	规模以上工业企业能源消耗情况/万吨标准煤	六大高耗能行业能耗/万吨标准煤	六大高耗能行业能耗占总能耗百分比/%	六大高耗能产业总产值/亿元
2005	19835.99	13976.29	12543.40	63.24	6293.69
2006	21794.09	15859.48	14138.25	64.87	7560.26
2007	23585.13	16991.34	15156.23	64.26	9557.39
2008	24321.87	16683.83	14918.50	61.34	10298.12
2009	25418.79	17159.63	15372.10	60.48	13285.71
2010	27531.11	18117.87	16291.02	59.17	16595.93
2011	29498.29	19996.33	18092.66	61.33	20945.30
2012	30250.21	20457.52	18568.85	61.38	22210.60
2013	31170.36	20895.79	18981.83	60.90	22628.54

4.3.2 指标数据选取

主导产业能源消费以主导产业能源消耗总量指标来表示，河北省大气环境质量采用工业废气排放量衡量。根据选择的指标和数据的可获取性，本节选用2005~2012年河北省主导产业能源消耗量（数据来源于河北省经济年鉴）和工业废气排放量的数据，然后对其进行对数变换，分别记为ln*nh*和ln*hw*，整理数据如表4-7所示。

表4-7 2005~2012年河北省主导产业能耗与工业废气排放量

年份	ln*nh*/万吨标准煤	ln*hw*/亿立方米
2005	9.4369	10.1856
2006	9.5566	10.2155
2007	9.6262	10.7797
2008	9.6104	10.5336
2009	9.6403	10.8352
2010	9.6984	10.9389
2011	9.8033	11.2540
2012	9.8292	11.1221

4.3.3 建模分析

4.3.3.1 单位根检验

两变量都是时间序列，为避免假回归现象出现，需要单位根检验。运用Eviews进行ADF检验（见表4-8）。结果显示，主导产业能源消耗和工业废气排放量在10%的显著水平下都不能拒绝单位根过程，都是非平稳的变量，而一阶差分序列通过了单位根过程，表明拒绝存在单位根的原假设，是平稳的时间序列，即两序列都是一阶单整序列。因此，可以利用VAR协整模型来描述变量间的关系。

表4-8 两时间序列的ADF单位根检验结果

项目	ADF检验值	10%临界值	结论
ln*hw*	-1.26	-2.90	不平稳
ln*nh*	-1.43	-2.90	不平稳
Δln*hw*	-5.59	-2.90	平稳
Δln*nh*	-3.46	-2.90	平稳

通过Eviews软件建立VAR模型方程，选取最大滞后阶数为1，最终确定拟合方程为

$$\ln hw = -0.6386 * \ln hw_{t-1} + 4.6806 * \ln nh_{t-1} - 27.4198 \tag{4-1}$$

$$R^2 = 0.773 \quad F = 9.6$$

$$\ln nh = 0.0088 * \ln hw_{t-1} + 0.7867 * \ln nh_{t-1} + 2.0136 \tag{4-2}$$

$$R^2 = 0.828 \quad F = 6.8$$

式中，$t-1$ 表示当年的前一年。

4.3.3.2 协整检验

E-G 法在只有两个时间序列的情况下，是非常有效的。运用 OLS 法对两序列进行估计，此时，如果回归后的残差序列具有平稳性，则说明 ln*hw* 与 ln*nh* 间存在协整关系。对残差进行 ADF 检验，结果见表 4-9，表明残差序列在 5%显著性水平下，拒绝了存在单位根的原假设，是平稳的时间序列。证明了 ln*hw* 与 ln*nh* 存在唯一的协整关系。

表 4-9 残差序列的 ADF 检验结果

项　目	ADF 检验值	5%临界值	结论
resid（残差序列对象）	-5.35	-4.45	平稳

4.3.3.3 VAR 模型平稳性检验

在建立模型以后，需要对模型进行平稳性检验，如果模型不稳定，则如脉冲响应函数的标准误差等结果可能不是有效的。采用 AR 根图来检验模型的平稳性，如果所有根都在单位圆内，则模型是稳定的。根据两个模型，通过 Eviews 进行 AR 根检验（见图 4-1），图中特征多项式的逆根都在单位圆内，所以模型是稳定的。

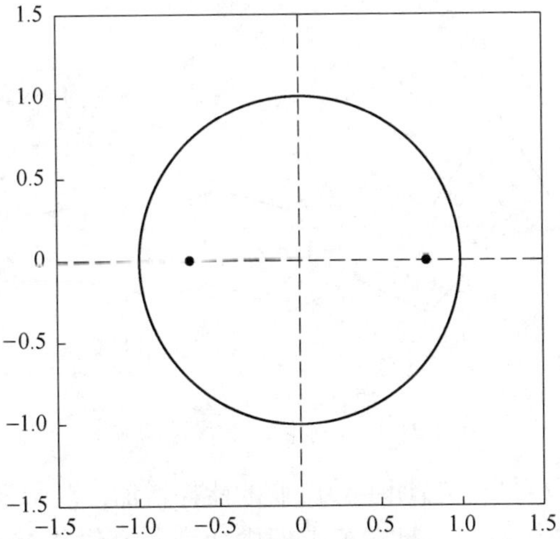

图 4-1 VAR 模型的 AR 根图

4.3.3.4 格兰杰因果分析

为了明确因变量和自变量，运用 Eviews，做格兰杰因果检验，选取滞后阶数为 1 阶，结果如表 4-10 所示。

表 4-10 格兰杰因果检验结果

Null Hypothesis	F-Statistic	Prob.
H0：LNNH does not Granger Cause LNHW	4. 56902	0. 0994
H1：LNHW does not Granger Cause LNNH	0. 00301	0. 9589

从表 4-10 可以看出，假设 H1 所对应的 P 值大于 0. 1，不能拒绝 H1，因此不能说明 ln*hw* 是 ln*nh* 的格兰杰原因，即大气环境污染程度增加并不能导致主导产业能耗增加。而在 10%的显著性水平下，假设 H0 所对应的 P 值<0. 1，拒绝 H0，因此 ln*nh* 是 ln*hw* 的格兰杰原因，这表明河北省主导产业能耗的增加，会明显造成工业废气排放量的增加，从而导致大气环境污染。另外，运用 SPSS 做 ln*nh* 对 ln*hw* 的相关性分析，其 spearman 的相关系数为 0. 976，极接近于 1，且 sig. = 0. 000，在 0. 1 水平上相关性极其显著，这表明 ln*nh* 与 ln*hw* 的相关性很强。综上所述，河北省主导产业能耗的增加会造成大气环境质量的下降，而且是导致大气污染加重的主要原因。

脉冲相应分析主要用来分析模型中内生变量的当前值和未来值对一个扰动的反应程度。图 4-2 是基于 VAR 模型的脉冲响应曲线，坐标横轴表示时期数，设为 10 年，纵轴表示反应程度大小，虚线表示正负两倍的标准差偏离带。

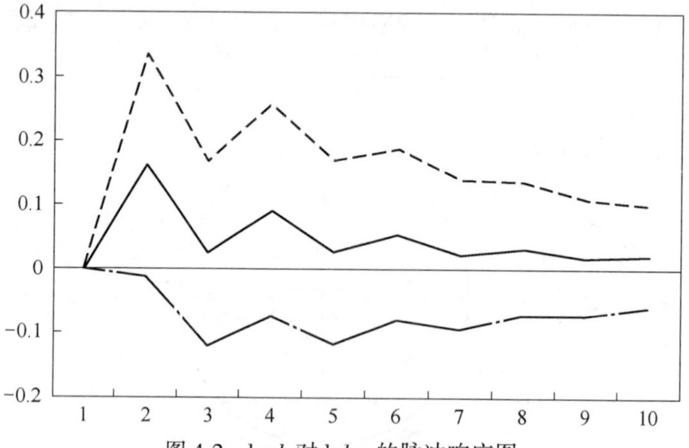

图 4-2 ln*nh* 对 ln*hw* 的脉冲响应图

从图 4-2 中可以看出，当期主导产业的能耗增加，对未来环境污染产生了正的效应，并立即做出了响应，且在第 1 期中达到最高值 0. 16；第 2 期~第 6 期，正效应呈逐渐减小的趋势；从第 7 期开始，这种正效应基本保持稳定并逐步趋于 0。这表明，短时期内河北省主导产业能源消耗的增加对大气环境污染程度的加重有明显的作用，而由于大气环境的自净能力、能耗结构的逐年优化等可能的因素，这种作用将随时间的增长而逐步减小，即河北省主导产业能耗对大气污染的长期影响作用不明显。因此，减少主导产业一次能源消耗总量，优化能源消费结构等措施可以对大气环境改善起到立竿见影的效果，大气环境能够很快得到改善，所以有效且彻底的能源消费革命，对河北省大气环境质量的改善有着至关重要的作用。

能源消费对环境的直接影响是三废排放，大气污染是废气污染物排放、聚集与气象条件共同作用的结果，就河北省大气污染而言，废气污染物排放是主因，气象、地理条件不利于扩散是诱因，而河北省依托的传统主导产业超高的废气排放给大气环境带来了巨大的压力，煤炭所占比例过高的能源消费结构和高污染、高排放的工业结构，引发大气污染物过量排放，是造成全省大气污染严重的重要原因。

因此，压缩能源消费、提高煤炭利用率，推进洁净煤技术和新清洁能源的使用是当前减轻能源消耗对环境污染的主要有效措施。优化能源结构、产业结构是实现节能降耗和能源、经济、环境系统协调可持续发展的重要保证。同时，加强风能、太阳能、生物质能、地热等可再生能源的开发和利用，加大天然气的调入力度，减少煤炭的直接使用，实现能源结构多元化，是应对日益严重的能源和环境问题的长期对策。而调整经济结构，转变经济发展方式，提高能源生产利用效率是完成节能降耗目标的直接途径。政府公共权力的适当介入也可以使政策制度化、规划法治化，做到有法可依，为实现河北省能源-经济-环境系统协调可持续发展创造良好的制度环境。保护环境是一项必须长期坚持的基本国策，能源的改革，环境的改善需要我们坚持不懈的努力，要注意加强生态文明宣传教育，增强全民节约意识、环保意识、生态意识，营造爱护生态环境的良好风气。

5 大气污染防治的经验借鉴与河北省的防治思路

5.1 欧洲国家大气污染治理经验概述

19世纪中后期随着煤烟型污染在欧洲愈演愈烈，欧洲多个城市遭受了严重的烟雾事件侵袭，以伦敦首当其冲。为解决由燃煤企业引起的煤烟型污染问题，以英国为首的欧洲国家采取了提高烟囱高度，消灭低矮点源和大规模开发应用消烟除尘、脱硫技术的控制策略，但这些措施仅局限于末端治理，效果不显著。20世纪40年代，欧洲国家通过燃料替代的方式，将煤炭改为天然气和油，煤烟型污染得以解决。

20世纪70年代以后，欧洲开始采取总量削减控制策略。1985年赫尔辛基公约对 SO_2 提出了削减50%的目标，并设置了 NO_x 和VOC的削减目标。1987年，欧盟出台《大型燃煤企业大气污染物排放限制指令》（88/609/EEC），对新建电厂的 SO_2、NO_x 和颗粒物排放进行控制。1999年哥德堡公约后，欧洲污染物控制策略打破了以往仅针对单一污染物进行限制的格局，开始更加注重多种污染物之间的相互影响和协同控制。2001年欧盟进一步推行了《欧洲清洁空气计划（CA-FE）》，2002年出台《大型燃煤企业大气污染物排放限制指令》（2001/80/EC），进一步加严了对污染物排放量的控制指标。

5.1.1 伦敦的最新做法

过去几十年，伦敦通过加强环境立法、改变能源结构、疏散人口和工业企业、加强对机动车尾气排放的综合治理等措施，其煤烟型大气污染物已基本达到欧盟和英国有关部门所规定的要求。

在此基础上，伦敦又制定了《伦敦空气质量战略2010》，对 PM_{10} 和 NO_2 标准提出了更高要求，针对交通、非交通以及政策的实施和执行三个方面，提出了共计14项政策。在交通政策方面，实行“城市低排放区”、鼓励绿色出行、征收拥堵费、疏导交通流量等、促进清洁车辆技术发展、划分重要区域进行区域管理、减少公共交通排放。非交通政策主要针对施工工地、新建项目、能源、技术创新、公众参与等方面，提出了七项政策，包括全面实行“施工工地最佳操作指导”以减少工地排放、优化项目规划以确保新建项目对伦敦大气质量无负面影响、扩大低碳能源供应及发展分布式能源、提高建筑能效、禁止非法焚烧以改善公共区域大气质量、鼓励技术创新、提高公众对大气污染危害影响的认知度并鼓励民众采取行动减少排放。为了保障交通和非交通政策的实施及执行，文件要求各个地方行政区在进行当地环境工作管理时要以《伦敦空气质量战略 2010》为准则，制定空气质量行动计划以保证区域范围内空气质量达标。伦敦空气质量战略的执行需要英国国家政府给予资金补助，且由于部分污染源超出了伦敦市长的管辖范围，因此在实行这些措施过程中，需要积极与国家政府合作，执行相关国家措施来改善伦敦大气质量。这些国家措施包括对清洁机动车实施税收优惠政策、资助低排放技术的研究及应用、资助机动车改装、报废以及轨道交通电气化。这些措施将最终帮助提高伦敦城市空气质量，继而实现欧盟标准要求。

5.1.2 德国大气污染治理经验

在能源方面，德国防治大气污染的法律法规的特点主要表现在：重视可再生能源、热电联产、生态税、风和电等项目的投资补贴。在对可再生能源的立法方面，1991 年，制定了《可再生能源购电法》，该法主要要求公用电力公司按照零售电价的百分之九十购买可再生能源电力。2000 年，德国又发布了《可再生能源优先法》，该法制定的主要目的是为了保护气候和大气环境，保证能源供应的可持续发展，提高可再生能源对电力供应的贡献。《可再生能源优先法》明确将“保护气候和大气环境”作为首要的法律目的，表明了德国对保护大气环境的问题极度重视的态度。2004 年，德国新《可再生能源法》生效，为投资太阳能、风能、水利、生物质能和地热提供了新的法律保障。

5.1.3 荷兰、瑞典等国大气污染治理经验

欧洲多数国家征收环境税。荷兰环境保护税收主要包括燃料税、噪声税、垃圾税、水污染税、土壤保护税、地下水税、超额粪便税、汽车特别税、石油产品消费税等。瑞典环境保护税包括能源税、能源增值税、二氧化碳税、二氧化硫税、电力税，以及对环境不友好的产品征收的产品税，如化肥税和电池税。

碳税的实施取得了良好的环境和经济效果。对碳税的绩效评估显示，碳税可以起到减少碳排放、降低能源消耗、改善能源耗费结构以及增加就业岗位的作用，另外对节能减排技术的开发和应用也起到了积极效果。丹麦针对碳税效果的多份报告显示，碳税起到了节约能耗、减少碳排放和能源替代的作用，既产生了良好的环境效应又体现了经济效率。荷兰和挪威对碳税效果的报告显示碳税降低了碳排放量。瑞典针对碳税效果的报告显示，碳税降低了碳排放量，同时促进了能源替代。德国的碳税效果报告显示，碳税降低了碳排放量，取得了预期生态效果，创造了新的就业岗位。

5.2 美国大气污染治理经验

美国的区域环境管理框架。美国环保局将全美划分成了十个大的地理区域，并根据这样的划分建立了十家区域办公室来进行管理。这十个区域以地理和社会经济区域为蓝本，像缝纫机一样将不同的州拼接在了一起，进行统一管理。这样，各区域办公室便能针对污染问题充分灵活地与各州合作，尝试许多新办法。如洛杉矶烟雾事件后建立了控制该区域空气污染的政府实体机构——南海岸区域空气质量管理区（SCAQMD），通过该管理区将城市空气污染治理提高到了城市群治理的层面上。根据职责，该机构有权进行立法、执法、监督、处罚，并通过强制执行手段和监控、技术改进、宣传教育等相结合的方式协调开展工作。再如，缅因州、弗吉尼亚州与哥伦比亚区联合建立了管理机构“臭氧传输协会（Ozone Transport Commission，OTC）”。该机构由各州代表以及环保局成员组成，制定了区域挥发性有机物，氮氧化物减排目标并督促实施。

排污权交易制度。美国是最早利用市场机制防控大气环境污染的国家。美国排污权交易的发展过程分为两个阶段：第一阶段，20 世纪 70 年代初~90 年代初，排污权交易在部分地区进行，涉及多种污染物，例如活性有机气体、氮氧化物、铅等。交易形式多样，包括泡泡（bubble）、补偿（offset）、排污银行（banking）和容量节余（netting）四种政策。第二阶段，以 1990 年通过的《清洁空气法》修正案和推广实施的酸雨计划为标志，排污权交易的污染物主要集中在二氧化硫，在全国范围内的电力行业实施，而且有可靠的法律依据和详细的实施方案，是迄今为止最广泛的排污权交易实践。

美国的排污权交易体系分初始分配和市场交易两级市场，初始分配方式有三种：免费分配、公开拍卖和标价出售，其中标价出售方式于 1997 年因政府售价与市场价格不协调而被废除。现行的免费分配、公开拍卖是同时进行的。以 SO_2 排污权初始分配为例，美国环保局每年把总排污权中的大约 2.8%留做拍卖，其余大部分向纳入计划的污染源进行免费发放。从 1993 年开始，美国芝加哥交易所就代理环保局进行排污权拍卖工作，每年 3 月份一次。拍卖采取书面密封报价的形式，投标人必须提前三个工作日将所希望购买的配额类型和数量尤其是价格送到交易所。拍卖会现场开标，根据竞价出售配额，先出售给报价最高的竞买者，直到所有配额售完为止，或没有投标为止。

5.3 国内兄弟省份大气污染防治经验借鉴

我国早在改革开放前就开展了大气污染防治工作，推行了“环境影响评价”“三同时”“排污收费”“环境保护目标责任制”“城市环境保护综合定量考核”“限期治理”“排污申报登记”和“污染集中治理”等措施和制度。在当前大气污染防治工作中，其他一些省份的经验值得借鉴。

5.3.1 北京大气污染治理措施

结合防治大气污染工作进程和北京市出台的各项政策，北京市目前的大气污染治理措施表现为八大污染减排工程，包括：

（1）源头控制减排工程，优化城市功能和空间布局，合理控制人口规模，严格控制机动车保有量，强化资源环保准入约束。

（2）能源结构调整减排工程，加强清洁能源供应保障，实现电力生产燃气化，推进企业生产用能清洁化，逐步推进城六区无煤化，推进城乡结合部和农村地区“减煤换煤”，推动远郊区县燃煤减量化，建立健全绿色能源配送体系，提高能源使用效率，构建以电力和天然气为主、地热能和太阳能等为辅的清洁能源体系。

（3）机动车结构调整减排工程，大力发展公共交通，不断严格新车排放和油品供应标准，严格非道路动力机械排放标准，加快淘汰高排放老旧机动车，积极推广新能源和清洁能源汽车，促进行业机动车结构调整和污染减排，调整公交车、客运车、渣土车、环卫车、货运车、低速汽车结构，完善小客车分区域、分时段限行政策和外埠车辆管理政策，加快北京绕城高速公路建设。

（4）产业结构优化减排工程，淘汰压缩污染产能，整治小型污染企业，进一步提高环保、能耗、安全、质量等标准有序发展高新技术产业和战略性新兴产业，推行清洁生产，不断推动产业结构优化升级。

（5）末端污染治理减排工程，严格环保标准，实施氮氧化物治理，开展工业烟粉尘治理，加强挥发性有机物治理。

（6）城市精细化管理减排工程，严格控制施工扬尘污染，严格控制道路扬尘污染，严格控制生活垃圾污染，严格控制露天烧烤、餐饮油烟等污染，严格在用车和油品质量监管，提高环境监测和监管能力。

（7）生态环境建设减排工程，提高绿化覆盖率。

（8）加强重污染日预警，实施应急管理。

5.3.2 上海大气污染治理

“九五”期间，上海就开始通过调整能源结构，实施工业污染源达标排放，加大机动车污染防治的力度，加强生活、农业及其他大气污染的控制，履行国际公约，逐步淘汰消耗臭氧层物质等措施来治理大气污染。在 2004 年上海制定了《上海市扬尘污染防治管理办法》，对房屋建设施工、道路与管线施工、房屋拆除、物料运输、物料堆放、道路保洁、植物栽种和养护等工作提出了具体的要求，并对这种违规行为做出了相应的处罚规定，用以防治扬尘污染，保护和改善大气环境质量。在 2005 年上海市政府发布了《市环保局、市公安局关于实施高污染车辆限制通行措施的通知》，对限制通行的车辆范围、时间和区域、违反通行规定的处罚做出了具体的规定。上海市在2006年作出“第三轮环保三年行动计划”，加快推进节能减排工作，在电厂脱硫脱硝、燃煤锅炉清洁能源替代、污染企业结构调整、机动车和扬尘污染控制等方面采取了一系列措施，不断加大大气污染治理力度，取得了积极成效，空气中二氧化硫、氮氧化物、可吸入颗粒物（PM_{10}）三项传统指标呈明显改善趋势。2013年，为进一步加强大气污染治理，上海制定了《上海市清洁空气行动计划（2013~2017)》，以加快改善环境空气质量为目标，以大幅削减污染物排放为核心，深化拓展并加快落实能源、工业、交通、建设、农业、生活等六大领域的治理措施，大力推动生产方式和生活方式的转变，全面推进二氧化硫、氮氧化物、挥发性有机物、颗粒物等的协同控制和减排。

上海大气污染治理的具体措施主要包括推进能源结构优化调整，加快锅炉、窑炉清洁能源替代，提升燃煤、燃气设施污染治理水平，加快产业结构调整，加强工业污染防治，优化空间布局，严格产业节能环保准入，加大产业结构调整力度，加快工业挥发性有机物治理，推进其他工业污染减排，大力推进清洁生产和生态创建，积极发展绿色交通，加大机动车船污染控制力度，严格控制机动车保有量和使用强度，大力推广新能源汽车，提前实施更严格的新车排放标准和油品标准，加快淘汰黄标车和老旧车辆，加强在用车检测和监管，加快绿色港口建设，推广绿色建筑，加快绿色工地创建，强化码头、堆场和商品混凝土搅拌站整治，加强道路扬尘污染控制，继续大力推进城市绿化和林业建设养护，有效控制污水厂大气污染排放，等等。

5.4 河北省大气环境污染物的主要类型和来源分析

大气污染物类型多样，主要包括粉尘类、烟灰等颗粒污染物和含硫、含氮、含碳的气态化合物等，不同污染物的产生源不同，粉尘类主要源于工业生产和地表扬尘，煤炭燃烧主要排放煤烟、煤灰、硫化物、氮化物、碳化物，汽油燃烧氮氧化物排放比较典型。治理大气污染应该首先明确主要污染物类型及其产生的源头。

石家庄市环境监测中心大气污染源解析结果显示，石家庄市环境空气$PM_{2.5}$和PM_{10}本地来源为燃煤、扬尘、机动车和工业生产。环境空气污染源PM_{10}主要来源分为两部分，一部分来源于其他邻近地区，污染传输贡献约为10%~15%，另外85%~90%来自石家庄本地，这一部分本地污染源排放分担率为：扬尘37.5%、燃煤25.0%、工业生产20.5%、机动车12.5%、其他4.5%。石家庄大气污染物$PM_{2.5}$来源中，一部分是其他邻近区域污染传输，其贡献率为23%~30%；另外70%~77%来自石家庄本地污染，本地各类污染源排放分担率为：燃煤 28.5%、工业生产 25.2%、扬尘 22.5%、机动车 15.0%、其他 8.8%。石家庄市大气污染源解析研究表明：燃煤排放是我市 $PM_{2.5}$的首要污染来源，煤炭消费总量大、燃煤结构不合理是煤烟型污染严重的主要原因；扬尘是石家庄市 PM_{10}的首要污染来源，各类建筑施工工地、道路积灰、机动车扬尘，尤其是城中村大面积拆迁等是扬尘的主要来源；工业排放也是颗粒物的主要污染来源，制药、冶金、石化、建材等是大气颗粒物主要排放行业。

中科院大气物理研究所研究结果表明，北京大气污染的 $PM_{2.5}$有 6 个重要组成来源，分别是二次无机气溶胶 26%，工业污染 25%，燃煤 18%，土壤尘 15%，生物质燃烧 12%，汽车尾气与垃圾焚烧 4%，其中，二次无机气溶胶属于二次污染，一般由汽车尾气和燃煤排放物等转化而来，以汽车尾气和燃煤排放在污染中的占比作为参考值，即使在忽略垃圾焚烧排放的情况下，26%的二次无机气溶胶有大约 21.5%归责于燃煤，也就是说，燃煤在北京雾霾污染重的总贡献率可以达到 39.5%。北京市环保局大气污染细颗粒物源解析研究表明，北京市 $PM_{2.5}$中机动车排放占 31.1%，燃煤排放占 22.4%，工业生产排放占 18.1%，扬尘排放占 14.3%，其他 14%来自餐饮汽修烧烤畜禽养殖等。

石家庄和北京地处河北中南部和中北部，能代表河北省整体大气污染物排放基本情况。河北省各市的工农业生产方式和产业结构偏重特点以及能源结构比例具有较为明显的趋同性，尤其以邯郸、邢台、石家庄、保定、唐山的相似程度为典型，石家庄市的大气污染物排放源及其贡献结构在全省具有典型性，基本可以代表全省的结构特点。

在各类排放源中，燃煤排放的实际综合占比大于上述分析。燃煤排放物一般有三类：粉煤灰等大颗粒物，较小部分构成 PM_{10}的来源；细颗粒物 $PM_{2.5}$；气态比 $PM_{2.5}$更小的污染物。以上大气污染物源解析中，只对 $PM_{2.5}$的来源作了分析，没有考虑前后两种情况。粉煤灰经常成为北方产煤、燃煤的重要污染来源，而气态 SO_2、NO_x、CO、CO_2、O_3 等污染物也大量源于燃煤，在常态空气污染状态下，PM_{10}以及 SO_2、NO_2、CO_2、O_3 等污染物浓度经常与 $PM_{2.5}$不相上下，甚至超过 $PM_{2.5}$。考虑到这种因素，大气污染源中，燃煤排放的综合占比显然大于 $PM_{2.5}$的源解析水平。

京津冀区域大气污染的状况和成分具有明显同质性。2012 年 4 月，时任石家庄市市长的姜德果在接受《人民日报》记者采访时表示，石家庄市区燃煤污染占大气污染总量的 53.4%。2013 年 10 月 9 日《燕赵都市报》刊文《期待新鲜空气：灰色石家庄的燃“煤”之急》指出：“石家庄大气污染四成左右是燃煤造成的”，“环保专家介绍，燃煤对大气中颗粒物的贡献占 40%左右”。可见，燃煤排放是河北省雾霾问题的罪魁祸首。

5.5 河北省大气污染治理基本思路和措施类型

5.5.1 河北省大气污染治理的基本指导思想

5.5.1.1 以全过程管理为指导，事后控制、过程控制和源头控制相结合

大气污染防治是一个涉及多方面多领域的系统工程，需要多部门共同行动。全过程管理理论主张把过去的以事后检验和把关为主转变为以预防和改进为主；把过去的就事论事、分散管理转变为以系统的观点进行全面的综合治理；从管结果转变为管过程因素。全过程管理理论主张把影响产出的所有过程因素查出来，发动全员、企业各部门规范全过程，用科学的管理程序和方法，使生产（作业）的全过程都处于受控制状态，以达到保证和提高质量或其他目标的目的。河北省燃煤排放环境管理长期以事后达标检验为管理重心，对超标排放进行治理，但这种管理和治理却难以对最终的排放总量有明显的控制效果，因为这种末端监测加惩处的做法有三个方面的漏洞：第一，不能控制排污口增加而增加区域排放总量的问题；第二，不能应对排污口总流量增大而增加的排放总量以及长期累积的污染问题；第三，管排不控“吃”，容易逼生出企业多“吃”后的偷排问题。全过程管理强调预防为主，防检结合，综合治理，全环节控制，这些理念在环境管理中有所应用，但仍缺乏统一理论指导下的体系化的制度和具体措施手段，尤其燃煤型大气污染，污染物排放量与区域燃煤总量规划、企业能源设备类型型号、企业燃煤采购与运输、企业燃煤品质与数量、企业燃煤工艺、企业减排设备与工艺等等多个环节相关。河北省主要城市巨量的燃煤总量和严重的燃煤型大气污染不是单纯哪一个环节哪一个领域的问题，每一个环节和过程都有着自己的贡献，所以，燃煤控制应着眼于全环节全过程，在每一个细节把好关，精细化管理，只有这样才能有理想的效果。

5.5.1.2 在全过程管理基础上突出关键事项管理

马克思主义哲学主张研究问题要区分主要矛盾和次要矛盾，区分矛盾的主要方面和次要方面，不要眉毛胡子一把抓。西方管理学中有一种不平衡原则，由帕累托在研究经济问题时提出，故称帕累托定律，该定律认为：研究对象中最重要的一般只占其中一小部分，约20%，其余80%尽管是多数，却往往是次要的。这个规律在众多领域被广泛认同并被运用到各种管理工作中，也称为二八法则（定律）。与全过程管理理论相对比，帕累托定律强调全过程中有重点过程，一般过程中有关键过程，抓住重点和关键，就抓住了命门，可以事半功倍。依据这一理

论，在燃煤控制工作中，应该区分工作的重心，寻找撬动整个工作的杠杆，实现以20%带动80%的效果。主要经验性认识包括：（1）80%的污染排放与20%的过程事项密切相关；（2）80%的燃煤脱控问题由20%的部门和人员引起。在河北省燃煤控制工作中，应当注意理清线索，分解过程，找出关键的环节和过程事项，从而实现谋求措施和效果的高性价比，在短时间内，以最小的投入，最短的时间，获取最突出的控制效果。全过程管理是一种管理理念，是一种指导思想，强调每一个环节对于结果都是有贡献的，不能忽视任何一个环节。关键事项管理强调过程事项有主次，并且任何事项都具有全过程性，以关键事项作为抓手来组织全过程管理活动，是全过程管理得以实现的基本手段。对关键过程事项要以全过程管理为指导进行研究，不能遗漏环节和过程。全过程管理与关键事项管理是思想和手段的关系，相互体现，统一互补，全过程管理必然要借助一定的事项管理来进行，离开关键过程事项管理，全过程管理就是空谈，离开全过程管理，关键过程事项管理就失去了科学指导，有可能出现漏项漏环节的不足。河北省燃煤控制是一个系统性工作，涉及多部门、多环节、多过程，既需要全面动员、不留任何死角，又需要抓重点抓关键，识别关键过程事项，对关键过程事项实施全过程管理，从而实现对整体过程的绝大多数问题进行管理控制，这是燃煤控制工作的科学思路。

5.5.2 河北省大气污染治理的基本思路

在大气环境防治问题上，目前存在一些误区，一些地区把重点工作放在喷雾洒水等“花钱”的工作上；一些地区把治污与经济发展对立起来，以发展经济为由懈怠治污或者以治污为名为经济下滑找借口；一些地区怨天尤人，以现有排放状况为基本出发点，不思解决问题，只等刮风下雨。所以，做好大气污染防治工作必须讲理论、讲科学、讲方法，首先应该科学严谨的梳理一下污染及其与经济发展的关系。

5.5.2.1 大气污染防治，减排是根本

大气环境污染是排放到大气环境中的污染物超过大气环境容量导致对社会生活不利影响的现象，是一个污染排放量和环境容量比较的结果，参见图4-1。因此，很明显，防治大气污染的办法有两种：其一，减少污染物排放量，其二，增加扩张环境容量。

环境容量是环境自身的一种属性，是由环境本底值、环境自净能力等因素决定的，相对稳定、固定，人工干预要么影响效果比较小，要么需要明显的长期行为，对当前的雾霾治理来说，要么杯水车薪（比如洒水喷雾），要么等不及（比

如植树种草)，要么看天吃饭（比如人工增雨)。因此，增加扩张环境容量的措施可以做，但不可能充当目前治污的主导性措施。

污染物排放是人为行为，可以直接干预，直接作用。因此，减少污染物排放量是当前防治雾霾的必然选择。而且，环境容量本来在那里，千年来基本没有明显变化，变化的是污染物排放量，也就是说，污染物排放过量是近几年大气环境污染日益严重的原因。对症下药，防治污染必须要以减少污染物排放量为主导性措施。

5.5.2.2 减排不等于压缩经济，增长和减排可以同步实现

经济有大气污染物排放型和非排放型之分，排放型经济有高排放型和低排放型之分，高排放型经济有控制不力和有效控制之分。一些人认为防治污染就是压缩经济，减少排放就是限制工业，这种认识很荒唐。西欧国家，经济体量很大，经济很发达，工业很发达，单位面积 GDP 和单位人口 GDP 是河北省的十几倍、几十倍，但是大气污染物排放量呢？工业园像公园，天天都有蓝天白云。所以，可以通过有效控制排放、发展低排放产业和绿色产业使增长和减排同时出现，而不必压缩经济。

5.5.2.3 减排同时经济增长有赖于综合转型

降低排放需要转型，不仅仅是产业转型，而是综合的，包括能源、工艺、排放、环境管理和环境执法在内的综合性转型，由粗放转向集约，由低端转向高阶，由单一转向复合，由简单转向严格。

缩减污染物排量的思路办法包括：能源替代，针对燃煤排放在大气污染中的高占比情况推进煤改油、煤改汽、煤改电，加快核电、风电、太阳能等绿色新能源的建设运行和并网应用步伐；技术减排，利用技术手段改进设备、工艺，增进减排效率，推进洗煤、选煤、煤粉化技术应用，发展近零排放技术、产业和项目；产业转型，引导低排放工业发展，推进第三产业发展，逐步减少高能耗高排放产业，实现产业绿色升级改造，鼓励总部经济异地投资，转移过剩产能；鼓励环保产业发展，对减排技术研发与应用、减排设施设备制造、减排工程建设与安装实施倾斜性政策，利用减排市场空间培育环保产业，弥补减排损失；管理减排，强化高层管理力度，严格处理无手续违规排放，改进管理手段，建设在线监控平台，安装刷卡排污系统，借助市场机制，成本倒逼利益引导促进企业自觉减排；执法减排，强化环保行政执法力度，排放涉罪严格追究，形成法制威慑，严控偷排超排。

基本思路和治理措施类型见图 5-1。

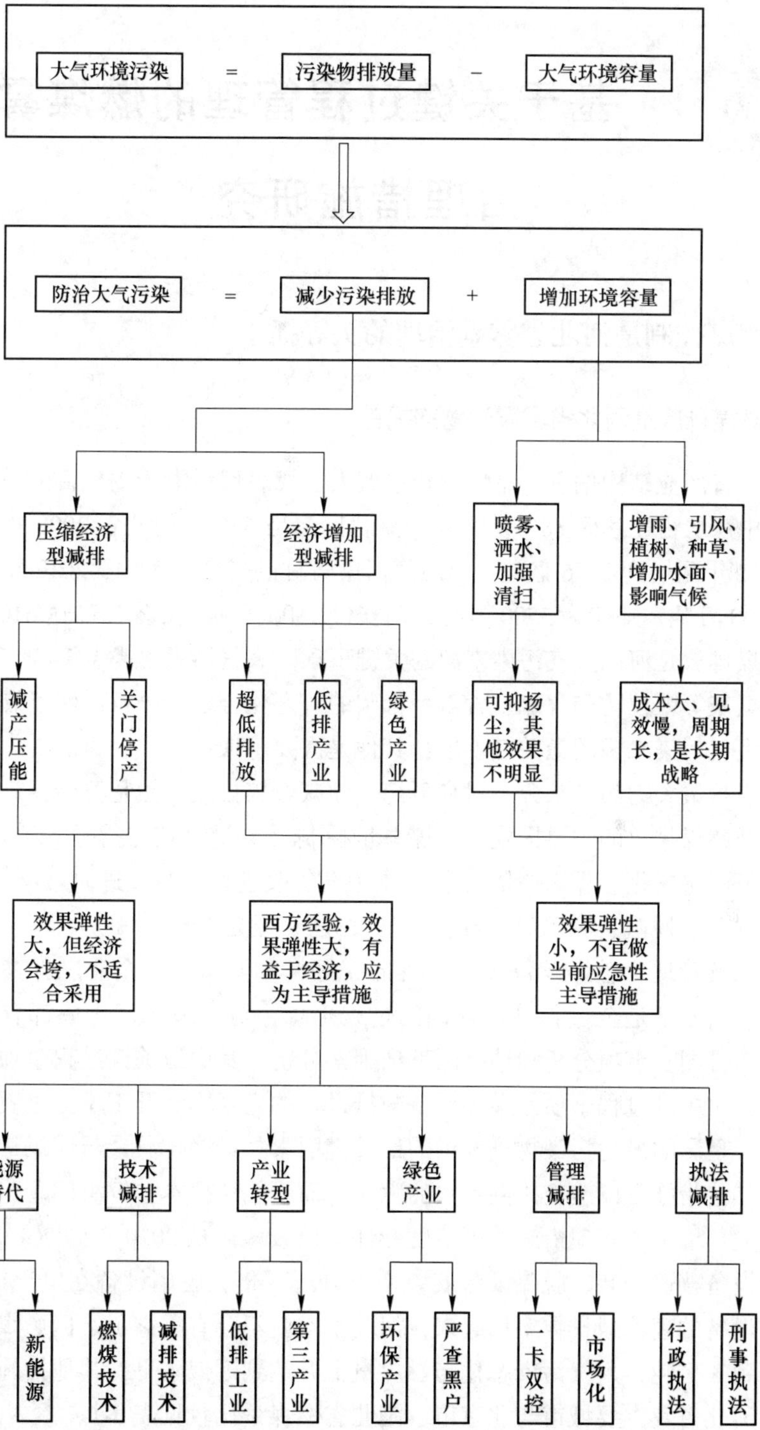

图 5-1 河北省大气污染防治基本思路和措施类型框架图

6 基于关键过程管理的燃煤雾霾治理措施研究

6.1 燃煤控制是河北省雾霾治理的头等抓手

6.1.1 燃煤排放是河北省雾霾问题的祸首

河北省产业结构偏重，燃煤消费量偏大，燃煤型污染严重。目前，河北省能源结构中煤炭占比达到88%，国家的控制目标是65%。河北省2008年燃煤2亿吨，2012年猛增到3.16亿吨。以燃煤污染著称的省会城市中，2012年燃煤量太原为4100万吨，郑州为3500万吨，西安仅2100万吨，石家庄高达6100万吨。

燃煤排放是河北大气污染来源的关键事项。大气污染物类型多样，主要包括粉尘、烟灰等颗粒物和含硫、含氮、含碳的气态化合物。分析说明，燃煤排放是河北省大气污染来源的最关键事项，其他是次要事项。

燃煤是最关键污染来源，对症下药，缩减燃煤排放当然是防治污染的不二选择。缩减燃煤排放的主要措施有燃煤总量控制（总量设定与指标分解）、煤炭品质控制及洗选粉化、煤炭燃烧技术改进（设备改进、工艺改进）、燃煤减排技术改进（除尘、脱硫、脱硝等设备和工艺改进）、划定禁燃区和禁燃期、燃煤运储装卸技术及管理、燃煤设备减排设备的完好率和开工率、企业燃煤掺烧配比等等。这些措施都是全过程管理强调的过程事项，对缩减燃煤排放都有重要的作用，经鱼骨图示事项分析和柏拉图事项因素分析，其中最关键过程事项是燃煤总量控制，次关键过程事项是燃煤设备减排设备的完好率和开工率。也就是说，烧多少煤，是影响最终污染物排放量的最关键因素。最终排放量与燃煤量成正比例关系，其他措施可以改变比例系数的大小，而不能从根本上解决问题，尤其在当前社会大环境下，其他措施的可信度受怀疑比较多。从2010年到2013年，河北省除尘设备普遍安装、脱硫设备安装率上升近3倍，脱硝设备在电厂得到推广，把这些设备的理论减排数字加起来，河北基本就不会有雾霾了。但燃煤量从2亿吨上升到3亿吨，大气污染恶化与燃煤量上升达到近似水平，其他措施效果饱受怀疑。河北省及主要城市与北京市、湖北省燃煤量比较见表6-1。

表 6-1 河北省及主要城市与北京市、湖北省燃煤量比较

地　区	2012 年燃煤量 /万吨	市区面积 /km^2	单位面积燃煤量 /万吨 · km^{-2}
北京	2150	12187	0.18
石家庄	6100	456	13.38
邯郸	3950	434	9.10
唐山	9300	3874	2.38
河北省	31000	—	—
湖北省	11000	—	—

数据来源：《石家庄市大气污染防治攻坚行动方案》、《期待新鲜空气：灰色石家庄的燃“煤”之急》（燕赵都市报，2013-10-9）、《北京近三年煤炭使用总量压减 500 万吨》（中国环境报，2013-7-2）、《邯郸迎难而上减煤控污》（中国环境报，2013-11-27）、河北省委书记就大气污染防治等接受专访（凤凰网 2013-12-10）等。

6.1.2 治煤是该抓、能抓、弹性效果明显并能引导产业转型的治霾措施

河北省燃煤型大气污染特点之明显，已经到了惊人的程度，以燃煤污染著称的省会城市中，2012 年燃煤量太原为 4100 万吨，郑州为 3500 万吨，西安仅 2100 万吨，石家庄比煤海之都太原还多出一个北京市的用量，河北全省 2008 年燃煤 2 亿吨，2012 年则达到近 3.16 亿吨，燃煤控制的迫切程度，可见一斑。

燃煤型大气污染是河北省的尴尬，但同时也是河北省的万幸。煤炭是当代社会中最低阶的燃料，与燃油、燃气等常见替代燃料相比，热值低、污染物排放量大，也就是说，其替代简便而且替代后的减排弹性效果明显，是一个不对地方经济带来灭顶之灾但治霾成效会非常显著的措施。并且，对燃煤的控制能逼迫企业尽早尽快改造设备，转向燃油、燃气等清洁燃料，甚至催生出更为先进的太阳能、风能以及其他新能源，实现燃料革命引导产业革命的效果。

6.2 全过程管理基础上的关键过程事项管理是最佳燃煤控制策略

6.2.1 全过程管理理论及其在河北省控煤治霾中的应用

全过程管理理论是美国学者 W ·爱德华兹·戴明倡导的全面管理理论的一个体现角度，与此前的管理理论相比主要有以下三个特点：把过去的以事后检验和把关为主转变为以预防和改进为主；把过去的就事论事、分散管理转变为以系统的观点进行全面的综合治理；从管结果转变为管过程因素。全过程管理理论主张把影响产出的所有过程因素查出来，发动全员、企业各部门规范全过程，用科学的管理程序和方法，使生产（作业）的全过程都处于受控制状态，以达到保

证和提高质量或其他目标的目的。

河北省燃煤排放环境管理长期以事后达标检验为管理重心，对超标排放进行治理，但这种管理和治理却难以对最终的排放总量有明显的控制效果，因为这种末端监测加惩处的做法有三个方面的漏洞：第一，不能控制排污口增加而增加区域排放总量的问题；第二，不能应对排污口总流量增大而增加的排放总量以及长期累积的污染问题；第三，管排不控“吃”，容易逼生出企业多“吃”后的偷排问题。全过程管理强调预防为主，防检结合，综合治理，全环节控制，这些理念在环境管理中有所应用，但仍缺乏统一理论指导下的体系化的制度和具体措施手段，尤其燃煤型大气污染，污染物排放量与区域燃煤总量规划、企业能源设备类型型号、企业燃煤采购与运输、企业燃煤品质与数量、企业燃煤工艺、企业减排设备与工艺等等多个环节相关。河北省主要城市巨量的燃煤总量和严重的燃煤型大气污染不是单纯哪一个环节哪一个领域的问题，每一个环节和过程都有着自己的贡献，所以，燃煤控制应着眼于全环节全过程，在每一个细节把好关，精细化管理，只有这样才能有理想的效果。

6.2.2 帕累托定律及其在河北省控煤治霾中的应用

马克思主义哲学主张研究问题要区分主要矛盾和次要矛盾，区分矛盾的主要方面和次要方面，不要眉毛胡子一把抓。西方管理学中有一种不平衡原则，由帕累托在研究经济问题时提出，故称帕累托定律，该定律认为：研究对象中最重要的一般只占其中一小部分，约20%，其余80%尽管是多数，却往往是次要的。这个规律在众多领域被广泛认同并被运用到各种管理工作中，也称为二八法则（定律）。

与全过程管理理论相对比，帕累托定律强调全过程中有重点过程，一般过程中有关键过程，抓住重点和关键，就抓住了命门，可以事半功倍。依据这一理论，在燃煤控制工作中，应该区分工作的重心，寻找撬动整个工作的杠杆，实现以20%带动80%的效果。主要经验性认识包括：（1）80%的污染排放与20%的过程事项密切相关；（2）80%的燃煤脱控问题由20%的部门和人员引起。在河北省燃煤控制工作中，应当注意理清线索，分解过程，找出关键的环节和过程事项，从而实现谋求措施和效果的高性价比，在短时间内，以最小的投入，最短的时间，获取最突出的控制效果。

6.2.3 全过程管理与关键过程事项管理相结合是控煤治霾的良方

全过程管理是一种管理理念，是一种指导思想，强调每一个环节对于结果都是有贡献的，不能忽视任何一个环节。关键事项管理强调过程事项有主次，并且任何事项都具有全过程性，以关键事项作为抓手来组织全过程管理活动，是全过程管理得以实现的基本手段。对关键过程事项要以全过程管理为指导进行研究，不能遗漏环节和过程。全过程管理与关键事项管理是思想和手段的关系，相互体现，统一互补，全过程管理必然要借助一定的事项管理来进行，离开关键过程事项管理，全过程管理就是空谈，离开全过程管理，关键过程事项管理就失去了科学指导，有可能出现漏项漏环节的不足。

河北省燃煤控制是一个系统性工作，涉及多部门、多环节、多过程，既需要全面动员、不留任何死角，又需要抓重点抓关键，识别关键过程事项，对关键过程事项实施全过程管理，从而实现对整体过程的绝大多数问题进行管理控制，这是燃煤控制工作的科学思路。

6.3 河北省燃煤控制的关键过程事项分析与识别

6.3.1 关键过程事项分析与识别的方法

6.3.1.1 柏拉图分析

柏拉图分析是源于质量管理的一种图形分析法，由一个横坐标、两个纵坐标、几个按高低顺序（“其他”项例外）排列的矩形、一条累计百分比折线组成。它是根据所搜集之数据，按一定标准和数据指标等区分，以发现占最大比率之因素、状况或位置的一种图形。

柏拉图事项因素分析模型可以直观地体现出：按重要顺序显示出每个燃煤控制过程对燃煤型雾霾治理效果的作用程度；识别进行燃煤型雾霾治理效果改进的过程事项机会，即识别对治霾效果增加最有影响的燃煤控制过程事项因素，并加以确认。

经广泛调查和研究，测算以上几类措施事项比例分析数据，绘制出燃煤总量控制措施主要事项比例分析模型图，参见图 6-1。图中 A 表示总量设定，B 表示指标分解，C 表示超量执法，D 表示 IC 卡控制，E 表示节煤交易，F 表示煤炭查验。图 6-1 显示，A 区域的面积最大，帕累托曲线斜率最高，污染防治指数最大，民众、专家和项目组对 A 事项，也就是燃煤总量设定的关键事项认定认可度最高。

6.3.1.2 鱼骨图因素分析法

鱼骨图也称为因果图或树状图，它看上去有些像鱼骨或树枝，结果标在“鱼头”处，因素在鱼骨的位置标示。主骨上长出鱼刺，鱼刺上再长出小刺，即主骨、大骨、中骨和小骨，鱼骨上面按过程及子过程和过程事件列示。鱼骨图有助于说明整个燃煤治理工作的结构和相互关系，也能反映出各个过程和事件是如何

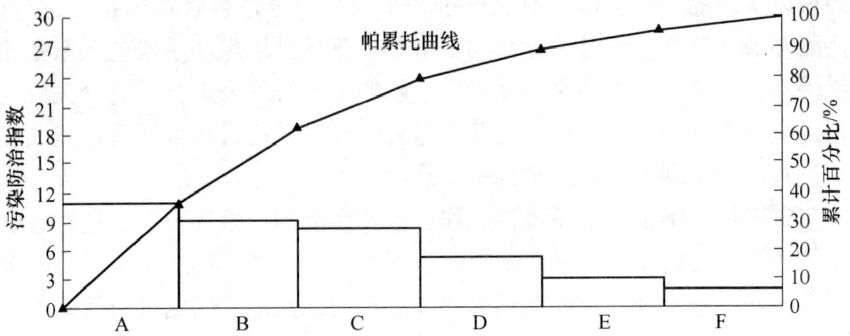

图 6-1 河北省燃煤总量控制措施主要事项比例分析模型图

与结果，也就是治霾效果相联系的，从而有助于着手解决问题。

鱼骨图因素分析法，可以帮助我们找出燃煤型雾霾问题的影响因素，并判断该因素与其他因素之间的关系，分析出其地位，有助于判定所寻求的结果的因素系统和根本原因。

6.3.2 河北省燃煤控制的关键过程事项

柏拉图事项因素分析模型和鱼骨图因素分析法可以帮我们思考问题为什么会发生，使“项目组”聚焦于问题的原因，而不是问题的症状；能够集中于问题的实质内容，而不是问题的历史或不同的个人观点；有利于辨识导致问题或情况的所有因素，并从中找到根本原因；展现分析导致问题的各原因之间相互的关系；利于采取补救措施和正确行动。

煤炭按照不同的标准可以分为不同的类型，国家和煤炭行业按照全水分、灰分、挥发分、固定碳、发热量、硫分、可磨性、煤灰熔融性等主要煤质指标并按全国煤炭资源的实际情况对煤进行了分级，不同级别代表了煤炭的不同性质，标示了煤炭中不同的环境影响因素含量。河北省燃煤主要来源是山西、内蒙古和省内的褐煤，也部分掺烧烟煤和无烟煤，按照地区煤质的一般标准来看，这些地区所产煤炭平均灰分为 26.6%，平均硫分为 1.2%，燃烧中与氧结合，一般工业锅炉每燃烧 1t 标准煤产生 12000m^3 烟气，内含大约二氧化碳和烟尘 2620kg，二氧化硫 20kg，氮氧化物 8kg，石家庄市 6100 万吨煤，河北省 3.16 亿吨煤，燃煤型大气污染情况可想而知。

通过搜集分析基础数据，进行理论分析、专家咨询和民众调查，得到河北省燃煤控制的过程事项包括：地区燃煤总量规划与实施、企业燃煤设备及排放审核、企业采购燃煤品质、企业采购燃煤数量、企业燃煤运输、装卸和储放、企业燃煤工艺（碎煤、卷扬、填料、锅炉类型工艺、设备完好度）、企业燃煤减排设备及工艺（脱硫、脱硝、除尘等）、企业清洁生产和减排设备完好度和使用率、企业燃煤配比排放测控等等。

借助柏拉图事项因素分析模型和鱼骨图示过程事项分析（过程图表略），最关键过程事项是源头地区燃煤总量规划与实施，次关键过程事项是末端燃煤配比排放测控。也就是说，烧多少煤，是影响最终污染物排放量的最关键因素，最终排放量与燃煤量总是成正比例关系的，再好的燃烧工艺和减排手段影响的只能是增比例关系的系数的大小，而不能从根本上解决问题。2007 年石家庄燃煤量 1318 万吨，当年石家庄市空气二级以上天数达到 289 天，2008 年石家庄二级天数达到 301 天，雾霾现象还非常少见。与此同时，2008 年奥运前夕，北京大力控煤，燃煤量降到与当时石家庄相当的水平，比石家庄大 5 倍的北京城蓝天白云，2010 年，北京燃煤量恢复到 2635 万吨，当年开始，北京连年严重雾霾。河北省 3. 16 亿吨，石家庄 6100 万吨的水平，单纯靠减排工艺是不够的，因为最近几年脱硫脱硝设备的增长率与雾霾的增加率几乎是同等的，唯有从总量上控制下来，燃煤型雾霾才能从源头上得到根治。末端燃煤配比排放测控是通过 IC 卡总量检测系统对源头减煤量的客观验证。

6.4 基于关键过程事项识别的河北省控煤治霾关键措施

6.4.1 切实做好燃煤总量规划和配额管理工作

借助柏拉图事项因素分析模型和鱼骨图示过程事项分析，源头燃煤总量管理是最关键过程事项，末端燃煤配比排放测控是次关键过程事项，并在此基础上提出河北省燃煤型雾霾治理的三大关键性措施，依次分别是：

（1）“要下更大的决心，以更大的作为”缩减燃煤总量规划。河北省每年都在控制燃煤方面进行大量工作，2013 年，按照国务院《大气污染防治行动计划》和《京津冀及周边地区落实大气污染防治行动计划实施细则》的规定，河北省《大气污染防治行动计划实施方案》明确提出到 2017 年全省煤炭消费量比 2012 年净削减 4000 万吨的目标，并将该目标分解到每一个地市，石家庄市制定《大气污染防治攻坚行动方案》承诺到 2017 年燃煤量比 2012 年净削减 1500 万吨，2014 年减 400 万吨。这些规划和目标令人鼓舞。

但是，与惊人的总量基数相比，河北省 4 年年均减煤 1000 万吨的规划数字仅占 2012 年燃煤量的 3. 33%，石家庄 4 年年均减煤 1000 万吨的规划数字仅占 2012 年燃煤量的 6. 15%，石家庄 2014 年减煤 400 万吨的规划数字也仅占 2012 年燃煤量的 6. 56%。与最近 5 年燃煤年平均增速约 45%相比，这些缩减数字规划确实有“病去如抽丝”的感觉。

习近平总书记两次对河北省级班子询问和强调“雾霾天气治理”。李克强总理 2013 年 9 月在河北视察指导工作时强调：“要下更大的决心，以更大的作为治理雾霾等环境问题”。2013 年 11 月 27 日，杨崇勇副省长在全省四大行业大气污染攻坚战行动会议上传达省委、省政府的指示：“宁可牺牲一些 GDP 和财政收入，也要为改善首都和周边地区环境作出贡献。大气污染已经不是单纯的环境问题，而是一个严肃的政治问题。”与当前严峻的大气雾霾现状相比，与中央和国家治霾的决心相比，与民众期盼基本的环境生存条件相比，我们不得不承认，河北省燃煤控制的规划数字保守了！应该切实贯彻国家领导人“下更大的决心，以更大的作为治理雾霾等环境问题”的指示，拿出省委省政府“宁可牺牲一些 GDP 和财政收入”的态度和精神，争取控煤消减数字向近几年煤炭的增速数字靠拢！

（2）燃煤总量规划工作落实到绝对量，指标配置到企业。目前河北省已经将燃煤缩减指标分解到各市，各市已经分解到各县和主要企业，工作已经比较细了。但是，从关键过程事项的全面管理角度来讲，还有进一步细化的余地，主要表现在：

用“煤炭消减量”来表达“控制煤炭消费总量”不尽合理。国务院《大气污染防治行动计划》中明确提出了“控制煤炭消费总量”，这一工作在河北省和各市的工作要求中也得到了贯彻和重视。但是，控制煤炭消费总量有多种工作思路和方法，可以在设定总量基础上对每一个企业配置，也可以整治重点企业和重点项目达到消减效果，河北省及各市普遍选择了后者，这也是近几年减排和控煤工作的传统做法。但是，近几年的工作实践表明，以消减量来统计和控制污染排放，雾霾污染却越控越严重；以消减量来统计和控制煤炭消费量，燃煤总量却越控越增大。这种工作方法的思路起点在于：地区总量是难以计算和统计的，选定一个基期量作为基数，重点盯住一些企业和项目，使之消减，然后用基数减去消减量就可以得到控制总量的效果。这在理论上有合理性，但是，这里存在一个漏洞，就是“重点盯住的企业与项目”之外的大多数的企业和项目呢？它们会乖乖的保持原量不变吗？我们“非重点”的“管理”能保证它们不增加吗？于是，“按下葫芦浮起瓢”就成为一种现实，而且，可怕的是，瓢的数量远远大于葫芦。所以，用“煤炭消减量”工作来实现“控制煤炭消费总量”的目标，其效果难免会使人怀疑。

全面管理要求工作一定要全员、全部门、全环节、全过程、全事项，燃煤总量规划这个关键事项的管理尤其要注意这一点。在多年努力控制但效果相反的教训基础上，在控煤工作的重要性和效果外在表现明显的压力下，建议控制煤炭消费总量工作还是要从最基础的加法开始做起，把工作重心放到企业和地方煤耗加总得到全省煤耗总量，在摸清家底的基础上，再根据雾霾治理要求设定具有挑战性的燃煤总量控制目标，再倒减反推下去，落实到每一个企业。然后再用后面将要说到燃煤配额和末端 IC 卡监控进行落实。这种方法看似笨拙繁琐，但在当前的实际国情条件下，确是“大智若愚”，是唯一能把工作真正做到实处的方法。

燃煤总量规划指标配置到企业，实行配额管理。燃煤总量规划指标配置到企业就是对企业设立燃煤指标“配额”，配额是对燃煤规划总量细化分解到企业形成的企业燃煤许可指标，既有量的指标要求，又有品质类型的标准要求。非法燃煤企业和按规定应该淘汰的企业不给配额，需要消减燃煤的企业按消减后指标给与配额。做到燃煤者有配额，无配额者不得进煤、燃煤。

这一步的实质就是燃煤总量控制指标的细化分解，使燃煤总量控制在绝对量上做出规划后，从“空中”落下来，落到具体的燃煤点上去，也就是燃煤总量规划的落实与实施工作。

（3）逼迫和鼓励煤改气、煤改油、煤改电，引导新能源发展。前文提出的进一步压量和全面进行燃煤绝对量配额控制的措施可能会使人感觉企业生存危机和经济打压危机，这种顾虑不必太多。因为控煤不是让企业关门，煤炭仅仅是能源的一种，而且是非常低级的一种，是第一次产业革命时期的主能源类型。当前我国发达地区已经跟上世界第三次产业革命的步伐，我省近十几年来也一直在强调产业升级、企业转型。用原始的煤炭经济，怎么去赶超燃气经济、燃油经济、电力经济呢？舍不得给企业以压力和风雨，只一味地保护，只能使企业畏缩不前，不进行能源更新。

国务院《大气污染防治行动计划》在“控制煤炭消费总量”一项中明确提出：“到 2017 年，煤炭占能源消费总量比重降低到 65%以下”，这是一项能源结构改进的要求。河北省目前煤炭占能源消费总量比重在 82%以上，要完成 65%的目标，控煤是必然的选择。

控制煤炭消费总量，即使燃气、燃油、电力等消费不变，煤炭占能源消费总量比重也会下降。

控制煤炭消费总量，必然导致企业走向煤改气、煤改油、煤改电，使燃气、燃油、电力等能源消费上升，煤降其他升，将明显改良能源消费结构中的煤炭比重。

控制煤炭消费，燃气、燃油、电力等能源供应紧张且相对于新能源研发使用的成本优势弱于煤炭，必将导致企业研发使用太阳能、风能、地热能、波浪能、水能、潮汐能、生物质能、氢能、沼气、酒精、甲醇等等新型清洁能源。

由此可见，为治理雾霾而进行的燃煤控制，可以在促进能源改变方面发挥重要的“副作用”，而能源改变除了会让消耗能源的企业瘦身、提效、摆脱“东躲西藏”逃环保专心生产之外，还能刺激和鼓励新型清洁能源的生产制造研发与生产行业的迅速崛起，造就一批高新技术企业。

所以，煤炭是有替代品的，煤炭替代是社会经济发展的必然方向，河北经济的落后与煤炭替代步伐的落后不无关系。治理雾霾控制煤炭是煤炭替代的一股东风，只有乘着这股东风，人工增大这股东风，才能有效治理雾霾，并实现河北省多年以来改善能源结构、发展新能源产业的夙愿，打开经济转型的突破口。心疼眼下的点滴煤炭经济而顾虑重重，裹足不前，既是在经济发展中无知无能的表现，又是置环境民生而不顾的表现，更是罔顾中央治霾部署、无视“政治问题”的表现。

6.4.2 实施市区入口燃煤查验放行制度

确定燃煤控制规划，分解到企业形成配额以后，不能单靠号召和企业自觉，还必须进行配额的落实督促和查验工作。兰州地处黄河谷地，燃煤排放物不易扩散，是我国早期的雾霾重地，但近几年来，兰州在对企业进行燃煤配额管理的基础上，在市区主要入口设立煤炭查验制度，无配额或者品质类型低于配额标准一律不准进市，企业必须在配额数量和品质标准内燃煤。目前，兰州经验已经取得明显成效，在全国大气污染城市榜单中已经鲜见兰州的身影。

借鉴兰州做法，把燃煤总量控制工作做细、做实，建议在河北省主要城市和燃煤控制区的主要路口设立燃煤配额查验站，逢煤必查，逢煤必验。一查其有无燃煤配额指标；二查其运输数量是否在配额内；三查其类型品质，看是否与配额要求相符。对不符合配额要求的，不允许进入市区和控制燃煤区域，从而保证控制燃煤总量的效果。

经过运用全过程管理理论和帕累托定律分析，河北省最佳燃煤控制策略应该是对燃煤进行全过程管理基础上的关键过程事项管理。借助柏拉图事项因素分析模型和鱼骨图示过程事项分析，识别出源头燃煤总量控制是最关键过程事项，末端燃煤配比排放测控是次关键过程事项，在此基础上，文章提出河北省燃煤型雾霾治理的三大关键性措施，分别是燃煤总量规划和配额管理、市区入口燃煤查验放行、企业 IC 卡排污超标断供。抓好这三项措施，河北省燃煤总量控制工作的主、次两个关键过程事项就可以基本得到控制，而根据柏拉图事项因素分析模型显示，控制了这两个关键过程事项，河北省燃煤脱控造成的污染物排放影响就可以缓解 80%。

7 能源革命推动主导产业升级减排

7.1 河北能源革命应从控制主导产业煤炭消费破题

2014年6月13日，习近平同志在中央财经领导小组会议上强调推动能源生产和消费革命，随后，河北省委省政府分别召开专题会议，进行了相关部署。能源革命，引领经济，推进社会，利惠今世，功弥千秋，但作为一项系统性复杂工程，只有选准了工作的突破口才能把这些意义发挥出来，目前，能源的生产革命和消费革命孰轻孰重、孰先孰后、孰为突破口是一个争议颇多的话题。不同地区对这个问题的回答可能是不同的，比如，经济欠发达而环境容量丰富的地区可能偏向于从能源生产做起，环境问题较多但经济非常发达的地区完全有能力双管齐下，能源生产和消费革命一并进行，但对于河北而言，“地理位置的东部”和“经济社会的西部”是多年以来公认的省情，近几年又加上一个全国乃至全世界燃煤型大气污染冠军的头衔，产业结构极端偏重，能源消费结构中煤炭占比超过90%，300万人口的省会年燃煤消费量达到2000万人口的北京市的2倍多，河北省能源革命从消费革命开始，不单是能源发展本身的需要，还是经济结构调整和增长方式改革的需要，更是还民众以清洁呼吸权，落实国家、区域和自身《大气污染防治行动计划》的需要。

消费拉动生产，生产创造需求（消费），在当代一般消费品市场上，消费和生产有点类似与鸡和蛋的问题，很难说清楚谁比谁更靠前更重要。但是，深入分析可以发现，自然进化是“因需而变”的，社会产品是“应运而生”的，汽车不是因为钢铁生产过量而是因为人们需要才替代马车的。经济学“生产创造需求”的说法缘起于1803年萨伊出版的《政治经济学概论》，这句简短的判断句很容易被理解成“生产者的生产必然创造出其他消费者的需求”，但是，把它还原到原著的语境中，结合上下文就可以清楚地看明白，其本意是“生产者的生产将创造出他自己对于别人产品的需求”。这与1776年亚当·斯密在《国富论》中阐释“看不见的手”时所表达的原理是一脉相承的。在社会经济进入营销学所说的“推销时代”以后，以狂轰滥炸不遗余力的推销手法而不是依赖于研究消费者需要和改进商品来扩大商品销售的做法盛行，“有产品就能卖出去”式的生产创造需求误解开始流传起来。在当代，生产创造需求主要被一些企业用在企业管理理念中，但仔细分析会发现，这里的“生产”已经是建立在高度发达的消费者理论基础之上的订单式生产，遵循了“研究和发现消费者新需要——根据需要开发设计和生产产品——新产品把消费者需要引导转化成需求”的规律，需要是潜在的需求，是消费的欲望，说到底，是“消费欲望先拉动生产，生产再唤醒需求”，望文生义的理解生产创造需求是对理论的误读。

在能源问题上，与一般商品相比，先生产后消费是行不通的。一些人认为先推进能源生产革命可以提升比煤炭更环保的油、气、电以及其他新能源的供应能力，自然可以带动能源消费革命。能源生产革命有三个特点，投入巨大、产品价格比燃煤高、市场开拓难回报问题多，归结起来就是投资和回报都缺乏市场动力。在现有以燃煤为主的能源结构格局下，如果能源消费革命压力不足，企业是不可能丢弃其价值高昂的既有燃煤系统而另外斥巨资改建新型能源消费系统的，即便有人投巨资生产了比煤炭更绿色的能源，卖给谁呢？市场经济条件下，企业会算账，既要多支付新型能源系统的设备型固定投资，又要多支付能源差价带来的流动性成本，企业会不抵制吗？能源的新产品和生活日用品面对的消费是不一样的，新的生活日用品可能面对时尚性消费、炫耀性消费、奢侈性消费、兴趣性消费、新奇性消费，但能源产品无论面对主力消费群体从来都是以营利为目标的企业，企业看重的永远是成本和收益的核算结果而不是其他事项（比如超出法律要求的环保）。前几年，我国上马了众多煤制气、煤制油、风电、太阳能发电等项目，有借助政府找到下家从而运营不错的，但多数都处在连年亏损的尴尬境地，大量的国家补贴、政府投资和银行资金成了沉睡资金。

先进行能源消费革命会加剧能源瓶颈打压现有经济，先进行能源生产革命可以增加生产红利提升经济发展的认识是片面和短视的。先进行能源生产革命是典型的投资拉动型经济，短期内会使已走下神坛的 GDP 数据好看，但高投入后的净产出率是多少？企业的响应率是多少？能使经济生产扩张或提高效益吗？以市场经济理论来分析，反而无法有效促进经济发展。如果先生产后消费，政府推动能源生产革命时又忙又累，新生的能源不会徒以自行，能源消费革命还必须依靠政府推动，又一次又忙又累。而先消费后生产呢？政府只需要在推动能源消费革命环节忙累一次，能源生产革命就会因为强大的市场需求拉动而自行启程了，可以节省巨量投资。需求创造市场、消费带动生产，消费需求闪烁出的商机信号具有极强的穿透力和极强的吸引力，会极大地刺激出能源生产革命的积极性。从能源消费革命创造出新型能源的订单到新型能源生产出来的确会有一个时间差，但这也仅仅会是一个时间差，阵痛之后会催生出完全符合市场规律的能源生产革命的新生命，而先做能源生产革命呢？可能会导致困死在无法逾越的产品向商品转化的鸿沟当中。如果政府去解救，无论补贴生产还是补贴消费，都会加大增加政府资金的财政负担。

因此，先推动能源消费革命会加剧油、气、电的供应紧张，导致能源不足而影响经济的认识，是对经济学的误读，是一种只看到眼下利益的极端近视的表现，是不懂得市场经济，是订单式经济，政府外生力量应从订单入手调控经济以引导能源革命和经济革命的道理的表现。

退一步讲，即便先推进能源消费革命在一定程度上产生气荒、油荒、电荒，影响了部分企业生产，请注意，我国中东部雾霾严重地区尤其河北地区近几年的政策重点是什么？减产压能！让部分生产慢下来，让部分生产停下来，这不单纯是环保的需要，也是经济转型的需要，转变经济增长方式的需要。因此，影响生产不可怕，先推进能源消费革命必然考虑减产压能的需要，更多地让需要压减的行业、企业面对能源紧张，比起当前直接行政命令压产减能，能源消费革命的影响生产更符合市场经济规律，也可能更容易被企业所接受。

7.2 能源革命的使命不单纯在经济，还在于推动社会综合发展

上一部分的分析是仅从经济学角度来进行的，如果在能源消费和能源生产的权衡天平上再加上环境问题呢？能源生产和消费都产生环境问题，前者以生态问题为主，后者以污染问题为主，都应当重视，但是，比较其社会生活影响程度、人身危害的直接程度、引起恐慌的地域范围程度、亟待解决的急迫程度、民众和国际关注程度，很明显，河北省的大气雾霾问题远远超出了能源生产相关生态问题。在对两端添加了对应环境问题以后，能源生产和能源消费的天平会偏向哪一方呢？显然，是能源消费革命。

近三年来，每当年尾岁首，我国中东部地区就会经常被雾霾笼罩，河北地区尤为严重。监测数据显示，河北省 11 个地级市最近一年长期占据大气污染最重 10 城中的 6~7 城，石、邢、邯、保、唐、衡等 6 市最近一年 $PM_{2.5}$平均浓度值超过 100μg/m^3，达到国家标准 35 的 3 倍以上。2013 年 12 月 1 日到 2014 年 3 月 30 日的 120 天中，这六个城市平均每 0.95 天就会连续 2.05 天中度以上污染天气，石家庄在风力不大于三级无明显降水条件下大气污染指数 AQI 每天平均增加 60 个单位，连续 8 天就可以发展到爆表的程度，邢台、邯郸等地的污染比石家庄更为严重。院士钟南山指出：$PM_{2.5}$每立方米增加 10 个微克，呼吸系统疾病的住院率会增加 3.1%，要是灰霾从 25 微克增加到 200 微克，日均病死率可以增加到 11%，其危害超过非典。$PM_{2.5}$日均浓度 200μg/m^3 对应的 AQI 值大约是 250，AQI 值是 500 对应的 $PM_{2.5}$日均浓度是 500μg/m^3，2013 年 12 月 1 日到 2014 年 3 月 30 日的 120 天中，石家庄市仅有 38 天 $PM_{2.5}$日均浓度低于 200μg/m^3，超 200μg/m^3 的天数达到 68.3%，其中有 8 天超过 500μg/m^3。2014 年 3 月 25 日世界卫生组织（WHO）发布的全球空气污染致死情况调查报告显示，我国所在的东南亚和西太平洋中低收入地区的死亡数最高，分别达到 335.9 万和 255.6 万人，占世界总量的 74%，是非洲的 3 倍，美洲高收入地区的 1300 多倍。

河北地区的大气污染与能源有什么关系呢？2012 年4 月，时任石家庄市长的姜德果在接受《人民日报》记者采访时表示，“石家庄市区燃煤污染占大气污染总量的 53.4%”，2013 年 10 月 9 日《燕赵都市报》刊文指出：“燃煤对大气中颗粒物的贡献占 40%左右”。煤炭消费在河北省大气污染中的贡献可见一斑。

煤炭在当代世界能源家族中属于“原始”级别的，是第一次产业革命时期的主能源类型，在第二次产业革命中就开始让位于燃油、燃气和二次能源电力了。能源消费结构中清洁高效能源的占比成为了一国经济发展水平和社会综合进步程度的重要指标，当今世界发达国家能源消费结构中煤炭多数占 30%及以下，我国能源消费结构中煤炭占比总平均约为 75%，而河北省的情况呢？研究显示，河北省超重的产业结构导致了其对于煤炭的高度依赖，能源消费结构中煤炭占比总超过 90%，参见表 7-1。

表 7-1　河北省 2004~2012 年煤炭消费量和在能源消费总量中的占比

年　份	2012	2011	2010	2009	2008	2007	2006	2005	2004
煤炭消费量/亿吨	3.14	3.08	2.75	2.65	2.44	2.45	2.13	2.05	1.71
能源消费结构中煤炭的占比/%	不详	91.12	90.45	92.51	92.31	92.36	91.59	91.82	91.23

数据来源：河北省主要能源产品消费量，国家统计局。

如此大的煤炭消费总量，如此高的煤炭消费在能源消费结构中的占比，如此严重的燃煤型大气污染，说明河北能源消费革命迫切性极强，改革空间巨大。

当代经济发展，是一种包含了数量增长和质量改善的综合发展，当代社会进步，是一种包含了经济文明、生态文明、能源文明的综合进步，当前我国发达地区已经跟上世界第三次产业革命的步伐，河北省近十几年来也一直在强调产业升级、企业转型、经济上台阶。原始煤炭社会，怎么去赶超燃气社会、燃油社会、电力社会呢？所以，必须从能源消费革命做起，革原煤直燃直排的命，严格划定煤炭禁燃区，逼迫企业改用煤炭的清洁转型能源以及其他清洁高效能源。

不以能源消费革命为起点，能源生产革命就没有发展的市场动力，多半会流于套取国家补贴，而且会旷日持久；不以能源消费革命为起点，地狱般的雾霾噩梦就不会降低频率和程度，基本民生安全就没有保障。直接推动能源消费革命，在社会生活各方面尤其是工业领域废除原煤直燃直排，河北经济就能驶入上台阶的快速车道，民众就有了看到蓝天的希望。

7.3　做好产业转型升级，促进能源革命

7.3.1　以发展的眼光和全世界的视野调整经济发展指导思想

工业社会的经济发展经历了三次工业革命，对应了不同的经济发展理论。绝

对优势、相对优势、要素禀赋对应资源开发型、基础制造型产业，是第一、第二次工业革命时期的指导理论，已经不适应当代经济发展的需要。第三次工业革命普遍采用国家竞争优势理论、产品生命周期理论、垄断优势理论、内部化理论等等，为高新技术产业发展提供理论支撑。原来的比较优势理论也在原来单纯以要素为优势的基础上，演变为规模经济、技术差异、R&D 以及专业化和分工等等新优势。河北省长期用“一县一产”，沿海优势、承接京津产业转移等“靠山吃山、靠水吃水”的发展思路，也就是绝对优势、相对优势、要素禀赋理论对经济发展进行指导，所以，河北省产业发展水平只停留在第一次工业革命阶段，充其量到第二次工业革命阶段，参见表 5-2。现在，第三产业已经统治全球，沿海发达地区早已经更新观念，河北省必须赶上，用新理论武装头脑，用新理论指导产业结构调整，指导转型升级工作。

7.3.2 工业低排化转型是第一选择

7.3.2.1 利用现有产业集群优势，进行低排改造

产业集群理论是第三次工业革命中具有代表性的理论，该理论认为，产业集群是在特定的区域内，一群在地理上集中，并且有相互关联性的企业、专业化供应商、服务供应商、相关产业的厂商，以及相关的机构构成的产业空间组织。产业集群的核心内容是其竞争力的形成和竞争优势的发挥，这是产业集群在市场经济中生存和发展的根本保障。其地理边界是由企业及相关机构的相互联系与依赖内在决定的，不同于科层制组织或垂直一体化组织，是对有组织价值链的一种替代。从空间地域的范围讲，产业集群的规模有大有小，可以是一个小小的村镇部落，大的可以是整个国家甚至跨国跨洲的产业集群。集群所具有的不同形式，要视其纵深程度和复杂性而定。产业集群延伸的范围很广阔，不同的人有不同的研究角度。产业集群和任何事物一样，也有其不同的发展状态。产业集群可以分为高新技术的产业集群和传统的产业集群，它们都有创新性，但创新的手段不一样，前者通过加强研究与开发，后者通过知识密集性的商业服务。政府的政策对集群的形成、发展模式和发展周期都有重要的影响。但政府在引导产业集群发展时，不要去干扰市场扭曲竞争，而应去寻找制约集群发展的因素，着手加以改进。技术和产业扩散、生命周期理论等等也都强调其创新性。

我们要强调第三次工业革命的理念，强调第三次工业革命的理论，摆脱纯粹的简单利用自然资源条件进行工业加工的发展模式。

第一，传统产业超低排放和近零排放在技术上完全可行。当前西方有没有钢铁、水泥、玻璃等工业呢？有，而且数量庞大，以日本钢铁为例，其产能占世界第二位，仅次于中国，而它的污染排放呢，吨钢排放量约为河北省的十分之一。

一战时期就开始成名的德国鲁尔工业区，传统工业非常发达，但厂区环境堪比空气优良时石家庄的长安公园。所以，产业转型是多层次的转型，低排化转型是第一位的。

河北省的钢铁、水泥、纺织、化工等传统产业，在各市均有分布，已经在地理区位上形成了形式上的产业集群，只是这些产业集群只具形态，而无法发挥出产业集群的优势。河北省要以经济-环境综合竞争力为导向，以强化自主创新能力为核心，在成形的集群中下大力气严抓害群之马，对超排偷排大户一票否决，在集群中强调绿色发展，把优势产业集群进一步打造成低排集群，高产品质量等级生产集群，环境效益和经济效益双提高，以“特色产业化、产业特色化、特色产业规模化”为突破口，推动产业的科学化、集约化和可持续发展。

第二，强调科技的引导性和前瞻性。创新，新技术一直是引导产业进步发展的核心因素，鼓励研发和引进先进技术，发展高新技术产业，才是占领低能耗高附加值产业的基本指导思想。日本如果靠水吃水，他现在应该只是一个渔业国，发展新技术，加强技术引导，日本在无任何自然资源优势的条件下，发展了全世界最高水准的钢铁工业和机械制造业。所以，不要害怕淘汰依赖太行山自然矿产资源的高排放产业，要敢于发展自己表面看起来并不具备优势的新型绿色产业。

7.3.2.2 利用现有产业，营建投资型经济和技术输出型经济

资料显示，河北省现有炼钢设备和技术、玻璃制造设备和技术在全国处于前列，面对压产减能压力，完全应当顺应政策，按照经济技术梯度扩散和经济一体化的理论和实践经验，投身到当前我国鼓励的海外投资、落后地区投资、技术输出和技术服务，实现传统产业向投资经济型转变，向技术服务型转变，向总部经济型转变。把工厂都搂在怀里不再是发达和幸福，把工厂放到远方，自己凭投资、技术和管理服务获利才是当代的发达评判标准。与此同时，营建生态宜居城市，做好基础社会服务，留住总部，整个社会经济才能走上良性循环。

7.3.2.3 向第三产业转型是减排的必然选择

有一种观点认为，河北省社会经济还没有发展到一定阶段，第三产业不可能明显超过第二产业，所以，应尊重三次产业逐次演进的“过程”，换言之，就是应当忍受低端第二产业高排放的污染后果，不应急于发展第三产业。上面已经论述，第二产业与高排放不等价，第二产业中既有本身低排的，即使高排企业也可以经治理降为近零排放。除此之外，世界经济发展历程中，多得是第二产业一般甚至没有充分发展，而第三产业一枝独秀的例子。冰岛，世界金融服务业和旅游服务业大国，由渔业国家跳过第二产业一蹴而成；瑞士，世界会议之都和金融中

心，钢铁水泥产量几乎为零。河北省坐拥2000多年历史文化，倚山拥海，环保京津，交通便利，人杰地灵，完全可以大力发展物流、旅游、科教、文化、体育等产业。以文教、科研、技术转化为例，提高投入、改善待遇、放宽政策以至于京津的师资愿意到河北来，河北的教育、科研、技术转化与应用，以及由此引致的其他产业必将快速崛起。地区政策导向是地区经济发展的指挥棒，只有从高层政策转变这个指挥棒的方向，第三产业和第二产业才会走向健康转型。

7.3.2.4　舍不得就是保护落后，适当压力才能促进转变

在产业革命已经进行到第三次的后期，电子智能和信息网络产业成为主导的情况下，固守第一次产业革命时期的钢铁、煤炭、老式建材产业，只能与发达地区的距离越来越远。河北省要赶超，不跳出旧思想，不跳出旧产业格局是没有出路的。美国由制造业大国跨入第三次产业革命的过程就是淘汰“夕阳产业”的过程，大量基础性制造业被转移到第三世界，河北省承接的几乎又是发达省份二次淘汰后的“无阳产业”。

不腾出笼子，就没笼舍安置新鸟。在原料、能源、土地、人才、资本、技术、建筑、劳动力等等产业资源都已经被传统产业密集分割的条件下，新兴产业的诞生空间必然受到挤压。没有压力惰性就会占上风，就难有动力。就会让落后产业和落后企业在能够维系生存的条件下，很少有能够主动迎难而上，主动去经历阵痛转型升级。旧的不去新的不来，不能迁就保护落后。

河北省主要产业包括煤炭、冶金、建材（水泥、玻璃、陶瓷、砖瓦）、化工、医药、纺织、机械、石油、轻工等，传统型产业偏多，资源能源消耗量大，排放水平高，尤其这些产业内部生产技术水平参差不齐，散布全境的小企业减排技术和减排设施落后，产品竞争力差。应该严格执行大气污染防治行动方案，对高排放、落后企业、不符合产业政策企业坚决予以淘汰。不破不立，没有压力就没有动力，只有态度坚决才能有转型升级的社会环境。

7.3.2.5　多层转型贯彻大气污染治理行动方案，推动绿色崛起

最近三年以来，国家、环保部和河北省制定颁发了大量淘汰落后产业、过剩产能、落后企业和落后设备的法律文件，包括《大气污染防治行动计划［国发〔2013〕37号］》《京津冀及周边地区落实大气污染防治行动计划实施细则［环发〔2013〕104号］》《河北省大气污染防治行动计划实施方案》《河北省钢铁水泥电力玻璃行业大气污染治理攻坚行动方案［冀政函〔2013〕154号］》，各市配套制定了区域内攻坚行动方案，列举了具体的淘汰企业、项目和设备，概括来说，全省任务可以总结为“6643工程”，即到2017年，压减6000万吨钢铁、6000万吨水泥、4000万吨煤炭、3000万标准重量箱平板玻璃。2013年，已经实

现压减炼铁586万吨，粗钢788万吨，水泥1716万吨，平板玻璃1488万标准重量箱。2014年目标为压减1500万吨钢铁，1000万吨水泥，1500万吨燃煤，1800万标准重量箱平板玻璃。这些压减任务是痛心而且繁重的，但痛定思痛，应该反省的是，为什么在这些产能上马时不能认识到问题？这些压减指标能否满足雾霾防治的要求？压减任务完成后，这些企业何去何从？下一步产业发展政策应该如何调整？

就研究评估数据而言，"6643工程"与大气污染治理要求的工作还有相当大差距，也就是说，除了钢铁、水泥、玻璃、火电之外，大气污染的来源还有很多。河北省应立足调整产业的地区布局结构、产业层次结构、产业内的技术结构三个结构，对企业的排污要进行综合治理。各个企业的环保设施必须运行正常，污染物的排放稳定达标。凡是不达标的，应当立即关停。对于布局分散、装备水平低、环保治理设施差的小型工业企业实施分类治理，综合整顿，提升改造一批、集约布局一批、搬迁出市区一批，关停并转一批。对于环保手续不全的非法企业坚决予以取缔。

7.3.3 技术减排，近零排放

近零排放，也称为趋零排放、超低排放、超净排放，是一个近年在我国民间逐渐兴起的概念，尚无官方具体规定，在西方也没有确定的定义，目前生产企业和环保企业在使用这一概念时多指"等于或低于环保的排放限值标准排放"，也就是说，是排放水平与排放限制相比的相对数为零或低于零，而不是排放的绝对量为零。但它表露出来的借助各种减排技术、工艺和设备及严格的排放管理，可以极大降低排放的观念非常明显。国外众多传统产业的"近零排放"经验，我国当前在火电、电镀水等行业获得社会认可的"近零排放"事实，非常确定的说明借助技术可以实现高排放行业的近零排放转型。

7.3.3.1 加强企业减排设备安装力度，提高企业减排技术水平

改进生产工艺、改造生产设备、安装减排除尘设备是非常有效的减排方法，许多行业和企业可以做到近零排放。目前，在技术减排和设施减排主要存在以下问题：

（1）行业差异明显，电力行业普遍安装了除尘设施、脱硫设施，部分安装了脱硝设施，河北省火电系统脱硫装机容量占到总装机容量的99.8%，钢铁行业普遍安装了出城设施，部分安装了脱硫设施，大部分没有安装脱硝设施，其他行业脱硫脱硝技术和设施的采用率很低；

（2）规模差异明显，大规模企业除尘、脱硫、脱硝设施和技术应用比例比较高，中等企业有所应用，小企业应用率比较低，就连做得比较好的电力企业也

是30万千瓦以上规模企业做的比较到位，低于该规模的技术和设施相对有明显欠缺；

（3）机组、窑炉和生产线差异，有的新机组、窑炉和生产线做得比较好，老旧部分应用情况差，有的新上机组、窑炉和生产线没有依法按照三同时、环评审批等程序办理，逃避环境监管，减排技术和设施应用差。

（4）减排设施开机率不理想，私停擅排时有发生。随着科技的发展，脱硫、脱硝和除尘减排设备的脱除率已经可以达到60%~90%的水平。但是，从总体情况来看，脱除减排设备安装量快速上升的近三年，也是大气污染程度每况愈下的三年，说明污染物排放“账实不符”“越减越多”。从具体情况看，脱硫、脱硝和除尘减排设备的技术良莠不齐，脱除率真实性和人为干扰性存在问题，设备跑风漏气现象较多，关闭脱硫、脱硝和除尘减排设备进行直排偷排事件时有发生，这里面既有技术问题，又有设备维护问题，更有企业诚信和权力寻租问题。

因此，应在技术减排和设施减排领域进一步做到：

（1）增加技术减排和设施减排的行业范围，进一步研发针对行业特色的除尘、脱硫、脱硝技术和设施，防止行业减排技术水平的过大差异；

（2）研究开发成本低、操作简便、规模小的适用于中小企业除尘、脱硫、脱硝设施，防止中小企业聚少成多，造成较大环境污染；

（3）严格清查监督，把所有机组、窑炉和生产线纳入监控，查处私停减排设施现象；

（4）探索工业园区大气污染排放集中收集治理技术。

7.3.3.2 加强前端减排技术应用，做好燃料原料清洁工作

减排技术应做到前端清洁燃料、中端清洁生产、后端极低排放三项技术相结合，单靠一方面效果必然打折。目前，关于后端的吸收沉降减排技术应用在社会上谈得比较多，抓得比较紧，但前端的燃料选择更多依赖企业的自主选择，管控工作上存在不足。课题调研发现，企业出于成本考虑，存在对燃烧设备进行改造，掺烧未经洗选煤、烟煤、高硫煤的现象，造成后端减排控制超过设计标准，严重超浓度排放和超总量排放的问题。

河北省以煤能源占比大，以煤为原料的焦化排放也非常明显。煤炭按照不同的标准可以分为不同的类型，国家和煤炭行业按照全水分、灰分、挥发分、固定碳、发热量、硫分、可磨性、煤灰熔融性等主要煤质指标并按全国煤炭资源的实际情况对煤进行了分级，不同级别代表了煤炭的不同性质，标示了煤炭中不同的环境影响因素含量。河北省燃煤主要来源是山西、内蒙古和省内的褐煤，也部分掺烧烟煤和无烟煤，按照地区煤质的一般标准来看，这些地区所产煤炭平均灰分为

26.6%，平均硫分为1.2%，燃烧中与氧结合，一般工业锅炉每燃烧1t标准煤产生12000m^3烟气，内含大约二氧化碳和烟尘2620kg，二氧化硫20kg，氮氧化物8kg，石家庄市6100万吨煤，河北省3.16亿吨煤，燃煤型大气污染情况可想而知。

A 提高煤炭洗选率，保障煤炭品质和源头清洁

煤炭中有各种各样有害物质，包括：（1）灰分，分内在灰分和外在灰分。在成煤时期形成并与煤致密地结合在一起的灰分叫内在灰分；在采煤过程中混入的顶、底板及夹矸层的矸石称外在灰分。（2）硫分，分有机硫和无机硫两种。无机硫又分为硫酸盐硫和黄铁矿硫。黄铁矿硫由于存在的形式不同，可分为细粒浸染状、结核状和浸染、结核混合状三种。（3）水分，分内在水分和外在水分两种。内在水分是吸附在煤炭孔隙中的水分，需要加温到105℃才能蒸发掉；外在水分是附着在煤炭表面上的水分。

这些有害杂质对用户都是不利的。例如炼焦用煤的灰分将全部转入焦炭，而焦炭的灰分每升高1%（或硫分升高0.1%），炼铁时焦炭消耗量将增加2%~3%、熔剂消耗量将增加2%~2.5%、高炉炼铁的生产率将降低2%~3%；炼焦用煤的水分增加，将会延长结焦时间、降低焦炉的生产率。燃料煤的灰分和水分增加，会降低热效率，污染环境；燃料煤中的硫分高，会严重地腐蚀锅炉、管道，并污染大气，形成酸雨，危害严重。因此，不同用途的煤炭产品，其有害杂质含量都有一定限制。在采煤机械化程度愈来愈高的条件下，原煤质量越来越差，必须经过洗选加工，才能满足不同用户的要求，获得更好的工艺指标和经济效益。

煤炭洗选是利用机械加工方法或化学处理方法，清除原煤中的有害杂质，回收伴生矿物，改善煤的质量，为不同用户提供质量合适的煤炭产品及伴生矿物产品。原煤中的有害杂质有灰分、硫分、水分、磷分及其他少量矿物质。此外，在某些煤矿中含有少量稀有金属如锗、钒和放射性铀等伴生矿物。

利用煤与矸石的比重差异，在水或重介质（重液、重悬浮液）和空气（干法）介质中进行分选的方法有重介质选、跳汰选、槽选、摇床选和离心力场选等方法。煤经过洗选加工得出不同质量的产品后，还要进行产品的脱水、脱泥处理，以便进一步改善质量，并使产品的水分指标合格。一般对大中块精品采用一次筛分分级脱水；对末煤精品必须在第一次筛分脱水之后，再进行第二次离心脱水；对于煤泥精品，必须进行真空过滤脱水（见脱水干燥）。对于煤泥和浮选尾煤采用压滤机脱水最为有效，但在一些已建成的选煤厂中多采用在厂外沉淀后挖掘、晒干的方法。

选煤一般只能清除原煤中的外在灰分、结核状及浸染、结核混合状的黄铁矿硫分和外在水分。要想清除内在灰分和细粒浸染状黄铁矿硫分和有机硫分，必须采用化学处理方法，在工业生产中尚未大量使用。要使产品水分降到很低（例如

8.0%以下），必须应用热力干燥法。

B　拓展煤粉化技术应用范围，提升燃烧和减排水平

煤粉化技术可以有效提高燃烧率，降低排放。在煤炭洗选之后集中进行密封式粉化，改原有摊铺式燃烧为喷粉式燃烧，可以极大提高燃烧率、燃尽率和热利用率，单位燃煤热效率可以提升15%以上，减少排放20%以上。对于减排设备设施尚未进入严格监控的企业，比如小型电厂和其他中小型燃机燃煤企业，非常适用。

粉化技术相对简单，应有计划地在煤矿坑口、城市周边较为偏僻的地方，集中建立煤粉工厂。对市区燃煤和企业燃煤推行煤粉燃烧，改造既有燃机锅炉为煤粉燃机锅炉。这种改造的技术工艺相对简单，成本低廉，是一种性价比较高的节能减排技术措施。

8 市场制度和区域协调是防治污染的重要措施

8.1 市场机制是防治大气污染的重要新型手段

环保事业是公共事业，环境资源是公共资源，环保结果是公共物品。早期的经济和政治理论认为，公共事务应由政府负责处理，市场只承担私人物品的生产和相关服务。世界最近100年生态破坏和环境污染问题及其治理的经验教训说明，这种认识是有缺陷的，市场机制完全可以用于环保事业，并且可以获得良好的效果。

公共选择理论提出：市场机制可以进入公共事务领域，政府行政可以借助市场机制的判断，把政府公共事务管理、社会公共服务和市场机制推入到一种相互倚借而不是矛盾对立的新阶段。公共选择理论本质上是政府如何行政的理论，主要研究凯恩斯政策后政府权力膨胀但又存在“政府失灵”的情况下，如何矫正“政府失灵”，实现在外部性、公共物品、规模经济的条件下如何实现合理、有效的资源配置。公共选择理论把行政学、现代经济学、公共管理学结合起来，在新的历史发展阶段研究怎样提供和分配公共物品以及设立相应匹配规则的行为与过程，最终得出了市场机制可以进入公共管理领域的理论。发展环保市场，利用市场机制进行减量、减排和环境治理等公共性环保工作，是公共选择理论的基本内容。

科斯定理是新制度经济学、产权经济学的基本理论之一。在研究市场失灵和社会成本问题的基础上，科斯认为很多现实问题其实并不一定是市场机制失灵，而是市场理论的欠缺，是经济学的不完善导致的，通过权利初始界定和组织优化，可以很好地规范外部成本和内部成本，大量外部成本可以直接“内部化”到市场机制中去，由企业直接承担或者优化。比如，在居民和企业之间的污染后果处理上，可以借助事先的对居民和企业的权利界定，明确双方的责任和权利，由企业与居民借助市场机制自由协商解决外部成本问题。所以，科斯认为，市场并没有失灵，而是前提条件和理论基础出了问题，也就是市场机制要求的产权足够明确没有做好，严格前提，完善理论，市场可以继续作用。社会不必放弃市场机制，也不必过多引入政府干涉。具体到环保事业上，明晰环境资源产权，做好环境资源产权的保护和违法制裁工作，市场机制就可以使环境资源得到高效、合理、低成本的配置，并可以维护良好的环境质量。

市场机制进入环保事业是当代行政管理和市场发展的方向。一般情况下，受多数国家认同的理论往往反映世界的认知潮流和实践潮流，代表一种发展方向。公共选择理论和科斯定理是当代非常有代表性的行政理论、公共事务管理理论、制度经济和产权经济理论、经济市场理论，政府的环保公共事务管理可以交由市场主体去运作，借助市场机制在实现环境资源合理配置的同时保护环境质量是发达国家理论研究和实践探索的结果，良好的环境效果证明，市场机制进入环保事业有理有据、有效有利，是世界的发展方向。

市场机制能提高环保资金效率，利于社会资本进入环保事业。生态环境问题多数是累积效应的产物，环保事业既要解决当前的问题又要处理历史问题，资金需求量巨大。河北省当前环保资金投入捉襟见肘，财政资金追加投入能力严重不足。美国排污权市场实践证明，利用市场机制比政府直接控制，可以节省将近一倍的成本支出，资金投入少，环保效率高。与此同时，环境资源的有偿使用可以直接从市场筹集环保资金，政府从市场采购环保服务可以刺激社会资本进入环保领域，变环保事业政府独资为政府、企业、社会共同投资，极大增加环保资金数量，推动环保事业。

市场机制进入环保事业利于促进经济转型，实现可持续发展。市场机制对企业既形成成本倒逼机制，又形成利益引导机制，排污多成本大，减排多收益大，企业会自觉研发应用节能减排技术和工艺，主动淘汰落后设备和技术，甚至退出高能耗高排放行业，转产到高新技术行业和第三产业，实现经济转型升级，并借助市场利益机制形成的减量化、再利用和资源化，实现可持续发展。

运用市场机制发展环保事业是贯彻落实党和国家相关政策决议的基本要求。党的十八大报告明确提出："积极开展节能量、碳排放权、排污权、水权交易试点。"十八届三中全会决议明确要求："发展环保市场，推行节能量、碳排放权、排污权、水权交易制度，建立吸引社会资本投入生态环境保护的市场化机制，推行环境污染第三方治理。"在全国环境保护工作会议上，周生贤部长强调要全面落实党的十八届三中全会和中央经济工作会议精神，切实发挥市场机制在环保工作中的作用。《国务院关于促进市场公平竞争维护市场正常秩序的若干意见（国发〔2014〕20 号）》明确提出"法不禁止的，市场主体即可为"的市场准入原则。在环保领域，法不禁止的，当然允许社会资本在内的各种市场主体参与各种环保事业。运用市场机制发展环保事业是党和国家的政策要求，是重要的环境保护工作事项。

8.2 多个市场综合推进，用市场机制促进节能减排

河北省产业结构偏重，环境保护压力大，"十三五"期间，应着力按照党中

央和国家的部署，深入发展环保市场，发挥市场机制在环境污染防治工作中的作用。就发达国家的经验和河北省的实际情况来看，应该大力发展污权交易市场、碳排放交易市场、节能量交易市场、生态产品市场，利用市场的成本倒逼和利益引导机制，引导企业自觉自动节约能量，减少排放。水权市场可以促进水资源合理利用与补偿，推进水生态涵养，间接防治大气污染，属于环境容量扩容增量性措施，见效较慢，本研究暂不强调。排污权市场交易制度在国际上比较成熟，在中国进行了 20 多年的摸索，涉及的污染物类型比较多，防治面宽，尤其在大气污染防治方面，美国取得了显著效果。河北省 2010 年被批准为国家排污权有偿使用和交易试点省，已设置完善的排污权管理中心、排污权交易市场，制定了管理办法、基准价格、核定技术规范等等一批规章制度，目前新建、改建、扩建项目已全部纳入排污权市场交易体系，既有企业相关工作正在开展中。

8.2.1 积极探索节能量交易，促进河北省节能减排

节能量交易是指各类用能单位（或政府）在其节能目标下，根据目标完成情况而采取的买入或卖出节能量（或能源消费权）的市场交易行为。分为两类：一是基于能源消费权（能源消费指标）的交易。政府制定能源消费总量目标，并将其分解到各类用能单位或政府。各单位根据其持有能源消费指标数量和实际能源消费量决定购买或者出售能源消费指标。二是基于项目的交易。项目业主实施节能项目经核证产生的节能量可参与市场交易。节能量交易缘起于 1999 年美国得克萨斯州的能效配额制度，2005 年，欧盟成员国如法国、意大利也提出了证书资质节约能源使用，并在市场上进行交易。2011 年 12 月国家发改委在全国会议上提出要开展节能量交易试点，2013 年 2 月我国开展了首批交易。

河北省产业结构偏重，高能耗产业偏多，企业的单位产能能耗指标和全省的单位 GDP 能耗指标都比较高，具有很大的节能潜力。河北省应在“十三五”期间结合以上基本省情，以节能减排为重要导向，积极开展能源总量控制和能耗指标配置工作，并在此基础上推进节能量交易，鼓励节约能量，降低单位产能能耗，减少污染物排放，保护生态环境。

8.2.2 积极开展碳排放交易，改善河北省能源结构和污染问题

碳排放交易（简称碳交易）是为促进全球温室气体减排，减少全球二氧化碳排放所采用的市场机制。目前，欧盟已经制定了在欧盟地区适用的欧盟气体排放交易方案，通过对特定领域的万套装置的温室气体排放量进行认定，允许减排补贴进入市场，从而实现减少温室气体排放的目标。中国碳排放交易试点从 2011 年 11 月份开始启动的，目前在七个省市开展试点，各试点地区建立了专门的班子，编制了实施方案，有些已经开始就碳交易建立一些制度，也建立了交易的核

查机构、认证机构。深圳排放权交易所、北京环境交易所、上海环境能源交易所和天津排放权交易所开展了碳排放交易。河北不是碳排放交易试点地区，但因其能源结构现状和产业结构所决定，是典型的碳排放大省，拥有巨量的减排前景和交易潜力，应积极主动开展碳排放交易，借助市场机制减少排放，改善环境。

河北省产业结构偏重，能源结构中煤炭占比过高。与此同时，还存在着较为突出的秸秆焚烧、垃圾焚烧、柴薪做饭焚烧、烧烤木炭焚烧现象。所以，河北省是比较典型的碳排放大省，减碳潜力巨大，从而碳交易市场的供应潜力非常突出。河北省“十三五”期间面临以减煤为主的能源革命、以减碳为主的雾霾治理攻关等重要任务，应当借助碳交易活动，使河北企业减煤减碳的成果能得到国际认可并转化为可出卖的商品，广泛筹措能源革命和雾霾治理所需的资金，并运用这些资金的示范和引导效应，鼓励更多的企业自觉进行减煤减碳的环保活动，促进大气污染的科学治理和生态文明建设。碳交易市场可以把河北省燃煤量大碳排放高的劣势转化为优势，在发展碳交易市场的过程中收到减煤减碳和出售获利筹集环保资金的双重效果，既提升能源和产业结构，又改善环境，还能获得资金支持，是非常适合河北省实际情况的市场化环保制度。

8.2.3 建立生态产品市场机制，防治沙尘大气污染

《国务院关于印发全国主体功能区规划的通知（国发〔2010〕46号）》指出：“生态产品指维系生态安全、保障生态调节功能、提供良好人居环境的自然要素，包括清新的空气、清洁的水源和宜人的气候等。生态产品同农产品、工业品和服务产品一样，都是人类生存发展所必需的。生态功能区提供生态产品的主体功能主要体现在：吸收二氧化碳、制造氧气、涵养水源、保持水土、净化水质、防风固沙、调节气候、清洁空气、减少噪声、吸附粉尘、保护生物多样性、减轻自然灾害等”。“政府代表人民购买这类地区提供的生态产品”。

在张承风沙源划定生态产品区防风固沙蓄水。张承地区的首都风沙源治理和风沙防护工作结果就是“生态产品”！“政府代表人民购买这类地区提供的生态产品”就是资金注入治理风沙。以生态重要性和生态敏感性为主，对张承地区进行功能区认定和划分。防风固沙生态产品的生产采购政策针对特定的生态功能区设定，只有地区生态非常重要，不适于进行工农业开发，或者地区生态非常脆弱，一旦进行生产开发将极其难以恢复的情况下，才有必要进行专门化的生态产品生产。

在不同功能区采取不同的适合生态和脱贫的产品生产组织形式。重点生态产品区禁止进行工农业开发，专门从事生态产品生产。这种生产需要大面积连片进行，难以在短期内产生具体可量化的经济收入，在生产规划、资金投入、设备设施、生产实施、产出测算等方面，都不适合小农生产模式。为了保证重点生态产

品区的生产秩序和效果，同时保证区域内群众基本生活，建议采取生态建设公司的组织模式。

生态建设公司是按照公司法组建的以生态产品生产销售为主业，适当从事农副业、农产品加工业、旅游业及相关产业的市场主体。生态建设公司在核定生态产品区承载人口量，进行生态移民和适当聚居的基础上组建，公司生产区域内撤销原有的乡村建制，可以跨现有行政区域设置，区域内群众转化为公司员工，原有村落撤并后建立城镇式职工新村，建制上作为专业性或地区性分公司。生态建设公司适应了土地集中经营、新民居和城镇化建设的需要，变个体经营的农民为专门的种树、种草、防风固沙、涵养水源的企业职工，系统解决三农问题。

挖掘和培育“生态产品”市场溢出，逐步走向良性循环。防风固沙在内的“生态产品”是一种新型的特色经济，这种特色经济收益的来源由两部分构成，一种是政府的采购资金，二是市场溢出效益。在生态产品生产启动之初，政府给予原始投资；在产品生产过程中，生态产品源源不绝提供出来，政府对此付费采购。但是，生态产品不会随着政府的购买而减少或者转移，而是一直存在，并在后期可以产生巨大的市场溢出效应。具体来说，就是张承地区以提供生态产品为目的进行生态建设过程中，除了能产生“吸收二氧化碳、制造氧气、涵养水源、保持水土、净化水质、防风固沙、调节气候、清洁空气、减少噪声、吸附粉尘、保护生物多样性、减轻自然灾害”等生态产品，还可以产生果品销售、中草药采摘和加工、旅游开发、生态观光和休闲度假等额外市场开发利益。生态产品出现良好的市场溢出期，也是生态产品产出量的旺盛期，不能因为市场溢出而消减政府的生态产品采购支出，因为这时首都地区消费的产自张承地区的生态产品量是上升的，多消费不能少给钱，反而应该随着首都人民对生态产品质量和数量的消费需求上升，两地生态产品购销量上升，而支付更多的采购资金。

8.3 排污权、碳排放和节能量市场必须“三位一体”发挥作用

排污权、碳排放和节能量三个市场都强调总量控制为基础，严格监察控制为保障，二次交易为吸引力的制度体系。

8.3.1 总量控制既要强调科学又要强调严格

河北省排污权总量、碳排放总量和工业用能量总量是相关市场制度的基础，而它们的测算涉及事项庞杂，科学性要求极高。这些总量对应的就是污染排放量，如果测算和设定出现较大误差，污染排放量依旧大于环境容量，该制度也就失去了污染治理效果。

区域总量确定以后，更为繁琐的是逐层逐个向下级区域和企业配发具体指标。该工作既要求科学技术性又要求过硬的职业操守，既不能出现科学性错误，

又不能出现寻租性问题。

以排污权为例，排污权工作的第一步就是分配排污权，但有多少排污权可用来分配呢？根据环保部和各地环保机构的职能设置，该部分类似工作是“总量控制”部门的职责，环保部总量控制司的职责包括：“组织测算并确定重点区域、流域、海域的环境容量。组织编制总量控制计划。提出实施总量控制的污染物名称、总量控制的数量及对各省（自治区、直辖市）和重点企业的控制指标。”各省级环保厅总量处的职责一般包括：“组织测算并确定重点区域、流域、海域的环境容量。提出总量控制计划建议。调度主要污染物总量分解落实情况，建立重点污染源排放量台账”。

8.3.2 监测执法必须严格到位

排污权、碳排放和节能量三个交易市场主体之所以能够被纳入市场体系而不游离在外，完全依赖完善严格的监测和执法保障。如果企业超烧偷烧，超排偷排不能被及时发现，不能被有效制止和制裁，那就会导致一批企业效仿，使整个市场型环境管理制度崩溃。现实中，环境监察部门对排放进行监测检查，会遇到多种阻力，但缺乏手段和执法权，执法手段单一、监管掣肘、处罚太轻、监管无力的问题，责令停产的企业不停产，查封的企业自行启封开工，导致无效执法。如果不能在这些方面有所突破，作为一种资产性非常明显的有价权证，其不但面临严肃性不足的问题，而且面临着明减实排，虚假交易，扰乱交易市场问题。

8.3.3 组建三市场协调工作小组，引导三部门行动一体化

现在排污权、碳排放和节能量分属不同部门管理，但它们的基本理论和制度内容、工作所需要的基础数据、基本手段和仪器设备基本一致，信息可以共享。尤其作用的对象有高度的一致性，最终都落实到污染物排放数量上，尤其是燃料能源的排放数量。三种市场各起炉灶，各办一摊，对财政是极大浪费，对人员是重复劳动，对企业是多头管理增加负担。对于十八大报告、政府报告、国家发展规划、环保相关规划和计划以及省市规划计划多次强调的一项工作，应该在推进中有一定的高层协调部门来主持。

8.4 京津冀市场型防控措施应当协调配合

8.4.1 京津冀区域之间大气污染物输送扩散情况及特点

8.4.1.1 京津冀大气污染物输送扩散与风力情况密切相关

近地面的对流层大气具有极强的流动性，以之为载体的大气污染物跟随大气

的流动可以远距离快速移动，从一个地区输送到另一个地区。当天气状态较为稳定，空气流动不明显时，污染物又可以因其浓度差异，与周边其他大气组分进行物质交换，向周边缓慢扩散，使中心污染区浓度趋于降低，周边污染物浓度趋于上升。与水体污染、土壤污染相比，大气污染具有极为明显的快速扩散和跨区域输送性。分析近四年气象记录发现：北京一年四季盛行偏北风，4 级以上风日数年平均 70 天，其中 91.5%为偏北风。4 级以上偏南风日年均 6 次，其中 4 月份平均 2 次，5 月份平均 2 次，6 月份平均 1 次，10 月份平均 1 次，偏南风极少在雾霾严重的 12 月 ~3 月份出现。其他时间均为微风无持续风向状态。北京历史风向、风力统计结果参见表 8-1。

表 8-1 北京历史风向、风力统计结果汇总表（2011-01-01~2014-07-16）

北京历史风向统计		北京历史风力统计	
微风：590 天	微风—南风：16 天	小于 3 级：591 天	微风—3~4 级：14 天
无持续风向：356 天	南风：3 天	微风：356 天	5~6 级：6 天
北风：100 天	南风—微风：3 天	小于 3 级—3~4 级：49 天	5~6 级—3~4 级：5 天
微风—北风：58 天	南风—北风：2 天	3~4 级：39 天	小于 3 级—5~6 级：5 天
北风—微风：42 天	西北风：2 天	3~4 级—微风：36 天	3~4 级—5~6 级：4 天
北风—无持续风向：32 天	北风—南风：1 天	3~4 级—小于 3 级：33 天	5~6 级—4~5 级：4 天
无持续风向—北风：15 天	东北风—微风：1 天	小于 3 级—4~5 级：20 天	4~5 级—5~6 级：2 天
南风—无持续风向：5 天	西北风—北风：1 天	4~5 级—3~4 级：18 天	4~5 级—微风：2 天
微风—西北风：1 天	西北风—微风：1 天	3~4 级—4~5 级：16 天	微风—4~5 级：2 天
无持续风向—东北风：1 天	西南风—北风：1 天	4~5 级：15 天	小于 3 级—6~7 级：1 天
西北风—无持续风向：1 天		4~5 级—小于 3 级：14 天	

重点分析近四年 12 月 ~3 月气象记录发现：近四年 12 月 ~3 月 4 级以上偏北风 25 天，4 级以上偏南风仅出现在 2014 年 1 月 28 日一次。其余为微风，无持续风向，微风中偏南风占 60%左右。北京周边张家口、承德、唐山、廊坊、天津、保定等城市与北京的风力风级情况类似。图 8-1 为北京市热岛效应示意图。

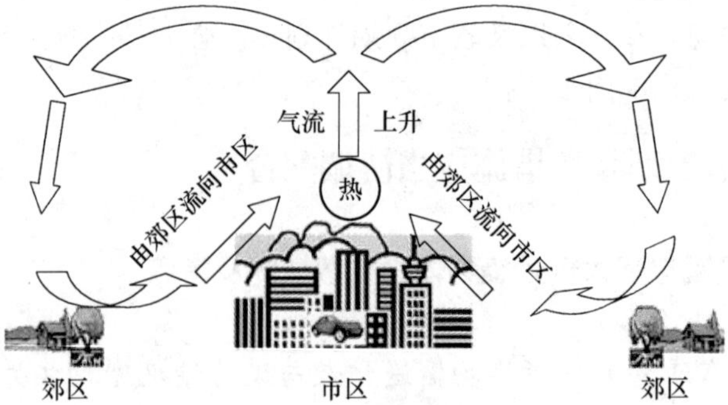

图 8-1 北京市热岛效应示意图

8.4.1.2 风力传送不是北京雾霾输入的主因而是输出的主动力

A 京津冀区域近四年风力风级情况分析

分析近四年气象记录发现：北京一年四季盛行偏北风，3 级以上风日数年平均 70 天，其中 91.5%为偏北风。3 级以上偏南风日年均 6 次，其中 4 月份平均 2 次，5 月份平均 2 次，6 月份平均 1 次，10 月份平均 1 次，偏南风极少在雾霾严重的 12 月~3 月份出现。其他时间均为微风，无持续风向状态。

重点分析近四年 12 月~3 月气象记录发现：近四年 12 月~3 月 3 级以上偏北风 25 天，3 级以上偏南风仅出现在 2014 年 1 月 28 日 1 次。其余为微风，无持续风向，微风中偏南风占 60%左右。

北京周边张家口、承德、唐山、廊坊、天津、保定等城市与北京的风力风级情况类似。

B 京西北河北地区具备向北京输送雾霾的条件但当前不是输入源

京西北河北地区在地形和风向条件上具有输送大气污染物的嫌疑。河北省的张家口、承德地区从西、北两个方向环绕整个北京市，平均海拔高度比北京高约 800 米，是北京常年盛行的偏北风的必经之地，借助地形落差，北风及其携带物从太行山和燕山俯冲直下，必然有倾泻之势。北京春季的沙尘天气就是这种作用的情形。

京西北河北地区本身大气质量好，不会形成雾霾输送。分析 2013 年全年全国 74 城市空气质量报告可以发现：张家口和承德两个城市月空气质量达标日数常年在 50%以上，在 74 城市中排名多在前 25 名。在雾霾高发的 12 月~3 月期间，其排名位次反而比 5 月~6 月要好，因为 5 月~6 月这两个地区外来风沙天气较多、本地干旱扬尘明显。所以，在雾霾高发期，京西北河北地区可输出的大气污染物极为稀少，基本不会对北京输出雾霾。如果张家口、承德地区的空气质量与石家庄、邢台类似的话，北京的雾霾输入会有上升。但是，5 月~6 月份输出沙尘的可能性是有的。

风力可以进一步把污染物吹离北京，滞留北京的概率很低。较大的风力可以把雾霾吹离本地，所以，在北京 3 级以上风力条件下，即便有雾霾随风输入，也会及时随风输出，滞留量非常有限，不会形成明显的雾霾天。

北京 3 级以上偏北风时没有明显雾霾问题。经比较近 2 年取暖期北京的雾霾日和 3 级以上偏北风日，发现两者不相吻合，当北京有 3 级以上来源于张家口、承德方向的风时，当日和次日均没有明显雾霾天气，说明京西北河北地区不是北京雾霾的输送源。

C 北京具备向京东南冀津地区输送雾霾的条件

北京是京津冀区域内重要的污染源。北京有 2000 万常住人口，500 多万辆汽车，年燃煤2000多万吨，拥有众多的各种加工制造企业，是京津冀地区非常重要的大气污染物排放源，根据北京市环保局的统计，北京雾霾大约70%源于北京市自身排放。

在常年盛行风力风向方面具备向京东南冀津地区输送雾霾的条件。北京有比较严重的雾霾，北京西北风的下风向是廊坊、唐山和天津，北风的下风向是保定和廊坊，东北方向的下风向是保定，在风力超过3级的情况下，能够明显把雾霾吹离北京，向北京东、南方向扩散，影响上述四市。经对比雾霾天气与风力风向的关系，这些地方超过一半的雾霾天气的当天或前一天的风向符合上述污染物输送分析的情况，也就是说，在常年盛行风力风向方面北京具备向其下风向的冀津地区输送雾霾的条件，而且在数据分析上也有吻合迹象。

8.4.1.3 热岛效应和缓慢扩散决定了北京市的雾霾浓度分布特点

A 北京市雾霾浓度分布呈明显的西北低东南高态势

根据北京市环保监测中心的数据，可以得到$PM_{2.5}$平均浓度分布图，显示北京的$PM_{2.5}$整体呈南高北低的空间分布特征，东南边界地区的浓度水平为全市最高，南部和市区整体为浓度次高值区，北部地区整体较好，西部偏南山地也比较好。这种分布与地形、风向、排放等情况有关，受诸多条件影响，从空间分布看，尤其与北京的热岛效应和雾霾自身的扩散效应有关。

B 热岛效应促成了东南部低空污染空气向北京市区的移动

随着北京市城建规模和工商业企业数量规模越来越大，常住人口和机动车保有量越来越多，北京市的热岛效应也有明显化的趋势。研究表明，北京市12月~3月供暖季期间城郊最低温温差3.8℃，平均温差1.9℃。城郊温差导致了近地表气流由城外向城内流动，在市区高温点上升，在高空向四周扩散补充城郊近地表空气的流出空缺，从而形成城郊之间的小环境大气环流。

热岛效应导致的近地表向心性风力一般属于微风，会把北京城外受污染的空气输送到城中。京西京北空气质量较好且处于阳坡避风保温带，京南京东空气质量较差，所以，在热岛效应影响下，京东南区域空气质量明显劣于京西北地区。研究显示，当自然风力大于3级时，北京热岛效应消失，只有在微风条件下，热岛效应才比较明显，而且夜间大于白天。这与北京雾霾多发于静稳气流条件下，且偏东南微风较多的现象相吻合。

C 静稳气流下京东南冀津地区雾霾可能向北京扩散

京东南廊坊、唐山、天津、保定四市都是大气污染比较明显的城市，而且其近京地区聚集了比较多的北京疏散出来的和为北京服务的发电、家具、五金、物流等工商业，空气质量比较差。在静稳气象条件下，大气污染物自身有扩散效应，会逐步影响周围区域。气象资料显示，12 月～3 月间，北京微风情况约占 79.2%，其中偏东南微风占大约三分之二，平均达到 50 天。这种微风与热岛效应和雾霾滋生扩散效应相叠加，形成了京东南地区向北京城区的大气污染物输送效果，也是形成北京市东南部大气质量较差的重要原因。

当然，北京自身是一个大型大气污染物排放源，静稳气流条件下也有将近 40 天偏西北微风情况（另有部分无持续风向情况），可以形成北京雾霾向下风向津冀地区输送的情况。

D　北京与京东南冀津地区之间是雾霾转移输送的主要活跃区

上述分析表明，冬季取暖期，在有风条件下（风力大于 3 级），北京上风向的河北区域空气质量一般较好，向北京输送雾霾问题不明显，而北京有向下风向的冀津区域输送雾霾的现象，但鉴于风力的持续驱霾作用，雾霾输送后果不明显。不存在雾霾逆风向输送问题。

在静稳气象条件下（微风或无风），北京东南部区域的雾霾会随热岛效应引起的向心微风作用输送进市，雾霾的自身扩散效应也会导致京东南雾霾向北京扩散，而京西北地区因空气质量好而不会发生这种输入作用。在偏北微风作用下，也不排除北京雾霾向京东南输送的问题。最终形成京东南大片区域的一体化雾霾问题。

在春末夏初，京西北河北区域存在明显的随盛行风向北京及京东南地区输送沙尘问题，导致北京和京东南地区空气质量下降。

8.4.2 京津冀联合治霾需以总量控制和区际补偿为基础

8.4.2.1 京津冀区域是一个休戚相关的大气环境区

在风力、地形、热岛效应、产业布局等因素的共同影响下，京津冀区域大气环境密切联系，不可分割。

以北京为中心来分析的话，首先，在冬季取暖期雾霾问题方面，北京与其东南部较近的廊坊、唐山、天津、保定共同组成了紧密层环境区，在静稳气流条件下，由东南方向向北京输送雾霾的现象较为明显，也有随偏北微风由北京向京东南扩散雾霾的现象。在风力超过 3 级的情况下，由北京向京东南输送雾霾的现象较为明显，但多为过境雾霾，造成后果较少。

其次，在春末夏初张家口、承德地区干燥多风扬尘较大的情况下，张承地区与北京及其下风向较近的冀津地区形成较为紧密的沙尘性大气污染环境区域。

如果不强调北京中心，比如以保定为中心来看待该环境区域，石家庄、衡水、邢台等地都可以被囊括进来，形成范围更大的大气环境区域。

图 8-2 显示了一个城市的倒扣的大锅形状的环境区域。其实，京津冀区域主

要城市上空的锅相互衔接，更形成了京津冀燕山太行山怀抱的大北京湾区域上空的一口大锅。京津冀区域大范围严重雾霾发生时多伴有把该区域笼罩在一起的逆温层。

a

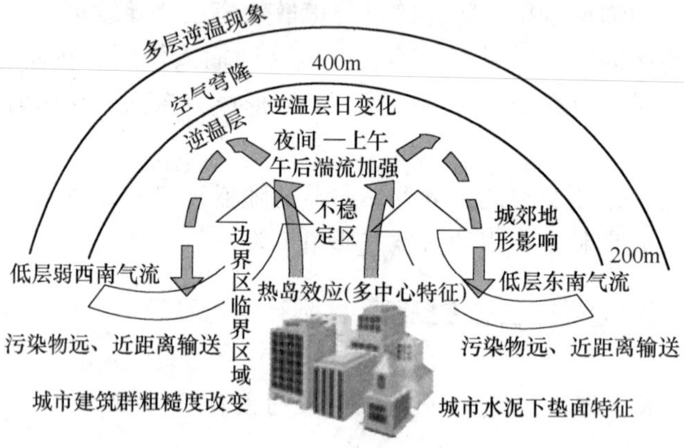

b

图 8-2 城市上空大气污染图像示意图（a）和城市热岛及上空静稳气团层示意图（b）

8.4.2.2 总量控制是京津冀联合治霾的关键

污染物排放总量控制就是在大区域总量控制的基础上，进一步逐层限定排放总量，直到每一个具体的企业，不拘束于具体时间地点的排放浓度而关注于一段时期内的排放总量。该制度在我国推行已经多年了，但具体操作仍存在很多问题，包括区域排放总量指标与环境质量脱节、环保与经济增长目标取舍、总量监管审批通过后的会员制模式（未审批或者未通过而排放的无统计和监管）、超总量排放后的纠正处罚力度问题等等。京津冀区域联合控霾，第一步要做的就是要摸清家底，看看各家到底有多少雾霾排放量，结合各地环境容量和经济水平，核定排放的控制总量。不做这项工作，既不知己也不知彼，自己做工作都没数，何谈联合工作。只有把总量控制目标定下来，是在清理以上问题、对比环境容量和经济水平基础上定下来，各地才有了联合的基点，才能说清楚各自的任务和目标，才能判定各地的工作数量和质量。联合工作中才能防止按下葫芦起来瓢，瓢又飘到邻居领地的问题。

8.4.2.3 京津冀联合治霾必须充分考虑区际补偿

因经济发展阶段、综合生活水平不同和超物质性追求差异等问题，京津冀及其内部具体区域对雾霾问题的认识程度是有差异的，治理雾霾和不治理雾霾其受益和受损群体是不一致的。为一定区域或一定阶层或一定类型的人群作出的受损或受益的制度改变，不应当武断专行，而应该平衡得失。污染企业有它带动就业、增加收入、带动经济的一面，落后地区有它发展工业以融入现代社会的梦想和权利，饱受污染侵害的民众有获取清洁环境的基本诉求。当这种局面已经合法形成时，唯一能妥善解决的办法就是在补偿受损方的基础上顺应其中一方。离开了补偿，要么任由矛盾积累激化，要么强力剥夺一方的权益，这与社会和谐进步是矛盾的。如果以治霾为目标，那么，做工作多的，压制自己诉求的，就应该得到补偿，否则，霾是治不住的，联是合不起来的。

8.4.3 跨区排污权制度的建立及其大区域内减排效果的实现

8.4.3.1 排污权制度是协调清洁环境诉求与生产排污诉求的有效措施

人们天生具有两类权利：一是获得清洁环境以维持生存，二是进行生产排放以谋求发展，这两种诉求随着经济的发展从互不影响演化到了相互争夺，在协调这两种诉求的理论中，诺贝尔经济学奖获得者科斯的理论是目前认可度比较广泛的。科斯认为，外力压制一方或支持一方是无效率的，有损社会前进的，在明晰产权的基础上让双方在市场上自由交易，实现自己的诉求或者获得补偿，是最优的解决思路。在此基础上，美国最早推出了以“泡泡、补偿、银行、节余”四政策为一体的排污权制度，也就是“划定环境区、区内配排量、此减彼可长、年年消总量、减排可储存、改扩不用慌、交易解燃眉、环保或报偿”，很快受到了社会公众的接受，起到了减少排放和自主生产的双重作用。

8.4.3.2 尊重并强化现有总量配置指标是跨区排污权制度的基础

我国目前已经全面实施了总量控制制度，环保部借助环保五年规划对各省、直辖市和自治区都划定了排放总量指标，各地对该指标也都逐层分解落实到了基层环境行政主管部门，河北省和天津市还作为国批试点省市正在开展针对企业的排污权初次配置和二次交易。京津冀之间作为密切联系的环境区，具备了开展跨区排污权交易的总量控制条件和三分之二的排污权制度“预热”条件。如果北京的环保诉求明显高于冀津，只作为排污权购入地也就是补偿输出地的话，北京的预热可以省略。

但是，需要注意的是，一旦开展跨区排污权交易，总量控制的严肃性就必须高度重视。在排污权交易开展之前，总量没有具体的货币价值，也没有具体的支出者和受益者，各地自己的总量控制做得好不好，指标分配的合理不合理，有没有控制住，都有自己的“黑箱”，外人看不见，炖肉没做好，也是烂在锅里。跨区排污权交易开展后，用于交易的总量必须明确、精确、透明，转让出去的排放指标量必须从当地减下来，否则，就是骗取交易，也失去了联合减排治霾的作用。前两年中英之间开展了碳排放权交易，英国人向中方支付了大量买入费用后发现中方企业没有如约“减排”，导致中国目前的碳交易跌入冰谷。所以，必须加强总量指标核查、企业减排核查，坚决整治偷排、超排、卖出后依然排放的行为，不但要按照环保法和修订后的环保刑事条款追究责任，还应当类比盗窃、合同欺诈等进行惩处。买受区域环保部门可以组织工作人员、专家和民众组成督查组对卖出区域的减排情况进行监督核查，发现问题交环保部和环境公安执法部门处理。

8.4.3.3 跨区排污权交易可以实现区域总量减排和区际补偿双重效果

A 区际补偿是跨区排污权交易的直接效果

同任何交易的出让方可以获得补偿款项一样，跨区排污权交易使得一个区域一定数量的污染物排放指标出让给另一区域，而货币资金进行反方向流动。排污权出让方原本可以从生产排放中获取的经济利益，改由从买受人那里获得，出让方在经济上不受损失。这部分收益不需要买设备建工厂“高消耗高排放”获得，也不需要对其支出，可用于鼓励引导绿色环保产业和第三产业，使经济走上转型增效的道路。排污权转让出去了，出让地区的排污量随之从源头上减下来，既改善了本地环境质量，又防止了跨区污染转移。

根据京津冀地区的大气污染物跨区转移特点，结合经济水平和环境需求，北京与廊坊、唐山、天津、保定之间应率先考虑建立跨区排污权交易平台，由北京购买东南临近地区的排污权，缓解北京市取暖期由热岛效应、偏南微风和东南部雾霾缓慢扩散导致的输入性污染问题，并给相应区域提供一定数量的减产减排和经济转型支持和补偿，具体数量由市场决定。其后，北京与张承地区也可以组建针对沙尘污染的生态产品交易平台，谋求类似的效果。

B 以减排为目的的排污权跨区交易应以封存排污权为手段

排污权交易的初衷是总量控制下环境资源的市场性充分配置，在环境区域内并不必然产生减排的效果。要使交易具有减排效果，就必须把买受的排污权封存起来或者减量使用，也就是说，北京在购买向其输送污染物地区的排污权之后，不能配置给本地企业用于生产排放，至少不能全部交给企业使用，其封存起来不用于排放的排污权就是环境区域内的减排量。该减排量不是北京的污染物减少量，而是可能向北京输入污染物的出售排污权地区的减少量，这种减排部分的减少向北京的污染物输送量。如果不能封存买入的排污权，则该允许排放量直接在北京排放，北京的大气质量会比交易前更差。

C 跨区排污权交易以买入地政府向企业直接交易为佳

跨区排污权交易旨在减排，而不希望环境资源跨区配置，所以，被买入的排污权是不能实际使用的。政府是公共利益的代表，为了公众的环境利益，政府有义务开展相应工作，承担相应的开支，所以，北京向污染物输出地购买排污权时应以政府部门出面，具体由环保部门操作，财政部门支付。同时，社会团体和企业有为社会环境公益做贡献意愿的，政府应予支持，由其出资，环保部门承办或协助办理从污染物输出地购买排污权的手续并予以封存，政府应对这些团体或企业予以表彰和鼓励。

减排需要企业注销、停产、转产、更新设备、革新工艺、强化管理等，排污权卖出地企业会为减排产生较大的付出。这种损失和费用，企业自己承担有困难也有不尽合理，卖出地政府受经济水平所限也难以完全承担，同时，企业和政府也缺乏承担的内在动力。排污权交易本质上就是企业间的交易，由企业自行出售排污权自行补偿减排成本和损失，是最有效率也最经济的。卖出地政府如果能全面统筹，统一安排减排，获得地区排污权总量节余额度，也可以由卖出地环保部门办理卖出手续，财政部门收取资金，政府统筹安排本地区的减排补偿、产业转型等工作。

8.4.3.4 各地排污权总量指标同步消减是联合治霾的关键

A 排污权总量指标消减是其作为环保措施的初衷和基本指向

排污权制度是政府调控与市场机制相结合的环保制度，其减排以维护环境质量的作用主要体现在政府调控的一面，也就是排污权总量指标的限定及其随环境质量需要进行调整方面。美国排污权制度确立了在当前排放水平下，逐年减少排放总量的原则和制度，最终用了 20 年左右的时间，在大气环境质量改善方面取得了突出的效果。在跨区排污权交易框架下，每年连续缩减京津冀排污权总量，即可从源头上实现减排治霾的效果，同时，还能借助地区内部交易机制，保证排污权用在最有效率的企业和产业。

B 排污权总量指标消减必须各地同步进行

京津冀三地排污权总量指标消减工作应当协调进行，既要考虑到排放强度，又要考虑到经济发展程度，既不能强调牺牲和奉献精神，又不能纵容落后。应以目前现存的总量配置数量作为基数，三地联合协商，在基本同比例减排的大原则下，可以对大气污染明显较重地区提升1%~2%，但不宜差距太大。

8.4.4 跨区排污权机制的京津冀治霾工作关键联合点

8.4.4.1 京津冀区域大气环境容量总量的估算及区域排污权总量的核定

在以各地既定总量控制指标建立起跨区排污权机制的同时，应当以京津冀大区域为单位，统一考虑区域内的排放指标总量配置问题。既然有严重的大气污染问题，说明该区域排放量是超环境容量的，必须要消减，但减多少，必须在大气环境容量估算的基础上来确定。这项工作不能由京津冀各自单独去做，因为京津冀本身是一个密切联系的环境区，不因行政区划的不同，污染物就不跨区转移了，清洁空气就不跨区流动了。所以，京津冀应组成联合小组，在国家的指导下，对京津冀区域环境容量进行估算，每一方的估算结果都应该由三方政府会签认可，在此基础上，对照当前的排放水平和国家配置的总量指标，确定区域各自地区内年度排污权总量及其后续减排任务量和最终排放目标（接近环境容量），并进一步分解到基层部门和企业。

2014年4月24日修订完成的《中华人民共和国环境保护法》第二十条规定：国家建立跨行政区域的重点区域、流域环境污染和生态破坏联合防治协调机制，实行统一规划、统一标准、统一监测、统一的防治措施。京津冀区域是国家已经确定的联防联控区域，统一总量控制规划、统一减排标准和检测监督、统一采用排污权制度，势在必行。

8.4.4.2 跨区排污权交易及其事后的减排核查与封存核查

单纯总量控制和总量减排任务设定是行政化管制措施，难以有效协调发展和环保的矛盾、得益与补偿的关系，以及公平合理性问题、工作方式手段问题、权力寻租问题等等，这种纯行政性总量控制在京津冀区域全面实施的10余年，也是京津冀大气污染快速发展的过程，大有雾霾越控越多的态势，说明什么？单一行政手段存在不足。跨区排污权交易与区域总量控制衔接以后，总量控制接了地气，基层民众能直接关注直接参与，环境的资源化财富化一目了然，各地为减排而进行的买出和卖入排污权的活动受到社会关注，补偿资金直接到达具体减排企业和项目。京津冀各地区除了在达成交易减排意向阶段需要加强沟通与联合之外，还必须重点强化对卖出地区的减排联合监督检查和对买入地区封存退出使用的联合监督检查。跨区交易后减排和封存工作做到位了，京津冀区域的跨区减排及其补偿联合机制就能确立起来，邻居之间就有了沟通和联合的平台，雾霾联合防控就有了抓手。

9 完善排污权的期限制度设计防治大气污染

9.1 排污权是成本倒逼和利益引导双重市场作用的综合体

100年前，英国经济学家庇古（1877~1959年）研究发现，经济活动给生产者和消费者带来了福利增加，但同时也有人因为生产造成的环境问题而减少了福利，生产活动产生的污染物排放问题具有明显负外部性，经济体系没有对它进行应有的计量，即企业会计计量的成本费用不包括对环境造成的损害，也不包括对因此而受害的人的健康和财产损失。庇古认为，要解决这种环境问题的市场失灵，必须依赖市场以外的力量，把外部成本转入企业内部核算。政府是社会公共事务的管理者，环境问题影响的是不特定的多数人，属于社会事务，责无旁贷的应当承担外部性内部化的工作，也就是由政府比照外部成本数量向企业征收这笔费用，然后再进行环境治理和受害者救济。在当时环境问题集中爆发，社会矛盾突出的时期，该学说在西方得到了广泛重视和认同。这就是注明的“污染者付费”国际原则的理论源头。环境污染者付费原则迫使企业不得不从节约成本角度自觉减量消耗资源、减少废物排放，从而产生了一项重要的环境管理机制——成本倒逼。借助这项成本倒逼机制，欧洲国家在解决环境问题领域取得了重大进展，初步实现了环境与经济的协调发展。

但政府征收费用的方式也存在一些问题，作为一种纯粹性征费，会促使企业成本增加，企业存在抵制心理。同时，税费收入和支出不能直接与环境治理和环境救济相联系，公众识别不清，也容易产生抱怨。另外，在技术层面，外部成本（环境价值、损害数额）难以测算计量，企业环境消耗和废物排放信息难以准确监测，税费标准和企业承担差异等都缺乏有说服力的测算方法和标准。加上政府政策时滞和无孔不入的权力寻租，环境税费政策也不是解决环境问题的万全之策。

1960年，美国经济学家罗纳德·哈里·科斯（1910~2013年）提出，通过权利初始界定和组织优化，可以很好地规范外部成本和内部成本，大量外部成本可以直接“内部化”到市场机制中去，由企业直接承担或者优化，比如，在居民和企业之间的污染后果处理上，可以借助事先的对居民和企业的权利界定，明确双方的责任和权利，由企业与居民借助市场机制自由协商解决外部成本问题。所以，科斯认为，市场没有失灵而是前提条件和理论基础出了问题，严格前提，完善理论，市场可以继续作用。社会不必放弃市场机制，也不必过多引入政府干涉。这种理论与当时西方公共管理学派主张的政府职能市场化是一致的。在科斯定理的基础上，1968 年，美国经济学家戴尔斯出版《污染、财富和价格》，提出了排污权交易理论，建议允许企业自由交易排污权利，并从中获取利益，以刺激企业减少排放。1975 年美国 EPA《新固定污染源的执行标准》，首次遵循了排污权的相关工作思路。1982 年《排污权交易政策报告书》经政府批准颁布，开始在各州建立交易系统。1990 年以后，排污权交易制度在美国全面展开，以低廉的成本代价取得了非常好的减排效果，其经验在国际范围内迅速传播开来。

排污权交易制度的核心特点在于企业节约的减排指标可以出售获利，就像节约煤炭等资源有获利性一样，从而直接的刺激了企业的自觉减排积极性。这是一种典型的利益引导机制。

成本倒逼，费用标准的合理性科学性需要认证论证，企业被动，虽可发挥作用，但减排是被逼的，缺乏主动性。利益引导，符合企业的经营模式和市场特点，直接利益可以激发企业减排积极性，并增强对付费减排的认可度。

排污权，好比提单的提货权，好比商场超市的消费卡，既是权力又是财富。拥有排污权可以消费，也可以在暂时不消费时或者急需资金周转时卖掉，甚至可以抵押，发挥利益引导效果，可以获得企业较大的认可度。

但排污权制度不是单纯的交易政策，而是一整套制度体系，主要包括总量控制、排污权指标划分（排污许可证）、排污权交易和排污权储备等四大项制度。总量控制用以核定排污的限值，并为排污权分派和计量提供基础和依据；排污权指标划分用以核定具体企业的排污许可数量，实现权力分配；排污权交易促进排污权指标的市场化配置，并为企业带来减排的市场化奖励；排污权储备解决企业自己结余排污权的管理和产能扩大及跨年度使用问题，同时也包括排污权管理部门的排污权指标管理工作。目前我国的总量控制和排污许可证制度已经实施多年，为排污权交易和排污权储备工作的试点和推广奠定了良好基础。

排污权制度是市场机制与政府管控相结合的制度，并非单纯的市场性政策。世界经济社会经过了长期发展，西方国家已经在单纯市场经济模式基础上添加进了明显的政府干预，我国也由单纯计划经济发展成为了政府宏观调控下的市场经济制度，用经济学的一个观点讲就是当今世界是“混合经济”，单纯市场手段或政府手段基本已经不再使用了。排污权其实就是这种混合经济中的混合手段，总量控制和排污权指标划分以政府为主导，排污权交易和排污权储备以市场为主导，而且，政府还可以在排污权交易和排污权储备工作中，凭借基准价格和数量控制两个指挥棒对环境质量和企业成本效益，进而是企业排放水平，实施有效调控。与传统政府直接管控手段相比，排污权手段可以充分发挥市场的优势，促使减排环保出现新的突破，又可以保证政府对环境质量的控制，而且可以呈现出政府在后台调控，市场在前台演出的效果，有利于市场经济的发展和社会管理市场化改革趋向。

更重要的是，排污权制度非常有效地把成本倒逼与利益引导两个机制结合在了一起，形成了奖罚并举的良好激励机制。排污权制度中的交易分为初次交易和二次交易两个环节，在二次交易中获取排污权需要付出费用，在初次排污权分派环节也可能因环境质量需要而支付费用，这种付费获取排污权的做法就是成本倒逼！在排污权二次交易中，节约排污权，也就是减排企业可以在交易中获取收益，在实现资源流转配置的同时可以使企业得到减排奖励，实现利益引导效果。既可扩大总经济产出，又不增加总排放。这样，企业既有减排的压力，又有减排的动力，而且有了生产排放的相对自由，不会感到明显的行政拘束。

9.2 强化排污权制度的环境管理本质，防止放任或僵化

排污权有偿使用和交易制度在我国中东部省份已经试点多年，从理论和国际经验来讲，这是一种行之有效的新型环境管理制度。但是，与试点工作同时展现在公众面前的，还有中东部一年重于一年的雾霾，虽然雾霾问题的恶化是一个综合性问题，作为多种环保制度大家族的一个新生儿，排污权制度尚不可能扛起太多的环保责任，但公众必然会开始思考，排污权制度什么时候才能长大？成长后的排污权是否能在减少排放、优化环境方面做出贡献？试点工作中是否存在认识问题、方法问题、制度设计问题或者工作力度问题？带着这些疑问，我们对排污权有偿使用和交易试点情况作了一些专题调研，对相关资料进行了一些梳理，形成了一些初步认识。

在以下文字中，想要强调两点：第一，排污权制度不是单纯依赖市场就能“减排”的制度，而是以强有力的政府排污权数量调控为基础的，以市场自由交易来弥补政府强力调控的不足，缓解企业环境资源配置困局以便于其自主安排生产的综合性环境管理制度，政府和市场的作用都不可忽视，而且其力量配比还要讲究一个火候，这一点，目前试点地区认识上存在不足，工作中也有问题。第二，能把政府和市场的力量综合在一起的排污权的细致制度有多种，排污权的期限设置是其中基础性的一项，试点工作中的排污权期限设置多数存在忽视政府在排污权制度中的环境调控余地的问题，使得政府在排污权制度中对环境恶化束手无策，无法调控环境，这种状况是必须要改变的。

9.2.1 排污权强调行政干预和调控

排污权制度具有政府调控和市场机制相结合的本质。与萝卜白菜相比，排污权强调行政干预和调控。现在有一种说法，说排污权制度可以使排污指标像萝卜白菜一样自由买卖，这种说法借助媒体散播，广为流传。这是对排污权制度的一

种严重误读，会严重影响排污权制度中的政府调控地位。

萝卜白菜是一种技术和市场门槛低，大众供给大众需求的竞争性商品，其市场具有明显的“完全竞争市场”特征，该种市场不受任何阻碍、干扰和控制，每一个购买者和销售者的购买和销售决策对市场供给、需求和价格都没有任何影响。这种市场多见于私人产品的消费品市场。

而排污权交易市场与萝卜白菜市场有着本质的不同。

首先，排污权是一种人为设置的环境管理制度，其天生带有“管理”的使命，是要对环境质量主要是污染排放进行管理，不可能放任“完全竞争”，因为竞争不单纯发生在企业排放者之间，还发生在企业排放者与以环境为生存基础的普通民众之间，民众与企业能在排污权问题上“完全竞争”吗？

其次，排污权是对环境容量进行的细化分割，而环境容量是有限的，排污权的供给曲线不可能像萝卜白菜一样无限延伸下去，而必然是在达到一定数量后向后折弯的。以 2014 年 1 月 16 日晚石家庄空气质量指数 AQI 达到 828 为例，污染物的排放远远超过环境容量，排污权的需求曲线与供给量曲线不可能交叉，而人为使这两条曲线能交叉起来的活动，必然是对市场施加“阻碍、干扰和控制”。

再次，排污权是环境资源化基础上的公共产品，对其使用带有明显的非排他性，并且会对其他社会成员带来影响，与社会公众利益密切相关，这与萝卜白菜的私人产品性质完全不同，政府必须担起调控的责任，不能使其“完全竞争”。

最后，排污权的最终供给者只有政府一家，因为只有政府能代公众行使环境公共资源的管理权，即便市场制度最为发达的美国也是由环保局作为初始排污权的唯一供给者，这种特点使得排污权天生就不是处在“完全竞争”的市场上，与萝卜白菜不可能一样。

由此可见，排污权与萝卜白菜不一样，排污权市场与萝卜白菜市场也不一样。萝卜白菜市场竞争越完全，越不受“阻碍、干扰和控制”，其供给、需求和价格越平稳，民众越受益。排污权市场就不一样，作为最终供给者的环保当局越科学严密地根据环境容量供应有限的排污权，越科学严密地根据实时环境质量调控市场上的排污权存量，越科学严密地“阻碍、干扰和控制”排污权市场，影响其价格、供给和需求，区域污染排放才越可能受限，环境治理才越可能有资金保障，环境质量才可能越好，民众才越能受益。

显然，排污权市场与萝卜白菜市场存在着关键性的区别，排污权市场不是完全竞争性市场，而是必须受到环保当局干预的。把排污权交易比作萝卜白菜交易，抹杀了排污权制度中包含的政府环境调控属性，这是当前排污权交易试点工作中一个重要认识误区。

9.2.2 排污权强调借助市场手段进行宏观调控

排污权交易试点工作中有一种现象，就是不知不觉中把排污权做成了一种“行政性管理”手段，强调企业排污者必须购买排污权后才能排污，强调企业排污者必须在排污权限额内排污，强调企业排污者的排污权一经核定若干年固定不变，而且排污权由排污许可证记载的指标来表示。这种做法经企业总结后成为：要排污先交钱（排污权费），交完钱就可以排，排完后再交钱（排污费），把它看作是一种新增的行政收费方式。受传统行政性管理惯性的影响，一些环保部门也把排污权制度做成了“以批代管、以费代管、只批不管”模式，忽视了排污权制度的“市场性”，也忽视了排污权制度的环境调控性。

排污权制度是以市场为生命的，它由两级市场组成，初级市场重政府环境资源控制，二级市场重排污者环境资源自由调配，同时，政府还应该在二级市场展开公开市场业务，调控市场上的排污权总量，并借助初级市场对二级市场的影响进行调控工作。

排污权初次配置的使命主要不是“收费”，而是控量。费收得再多，量控不住，环保也会成为空话。在当前排污权与排污收费并行的条件下，成本倒逼是排污收费的主要功能，排污权则应把主要作用点放到总量调控和利益引导方面。其中，总量调控包括初次配置时的区域排污权总量控制，排污权到期后再次进行初次配置总量控制，根据环境政策、区域环境质量或突发环境事件进行的灵活调控，在二级市场上以环境调控为目的、以市价进行的买进和卖出活动。

利益引导是排污权这种市场性环境管理的精髓所在，目的是在排污权总量受到控制的前提下，发挥市场配置资源的作用，把环境资源用到市场生存能力最强，也就是盈利能力强而排放少的行业和企业，最终实现产业结构调整和企业转型。

可见，排污权制度不是单纯的审批、收费和简单控制，而是在审批、收费之后，要不断地根据环境质量需要，在事中加强排放监控的同时，借助各种手段进行排污权数量和使用情况的调控，在事后加强违规查处力度并改进制度和办法，以实现“市场起决定性作用”和“更好发挥政府作用”的效果。

9.3 排污权期限设置不当会引致环境调控的诸多问题

政府环境当局的事中调控手段有多种，合理的排污权期限设置是其中重要的一种。

当前排污权交易试点工作中排污权期限设置主要分无期限和固定单一期限两种情况，固定单一期限又存在3年期和5年期两种类型。从理论上来看，这些期限设置都无法承担起环境调控的功能，实际工作中，多数试点区域也没能借助期限设置开展环境调控工作，使得排污权制度设计中的环境调控功能归于落空。

9.3.1 无期限设置会导致排污权丧失环境调控功能

排污权的无期限设置，即排污权在初次配售时不设定期限，实际执行中如果没有更高效力的政府文件对之进行相反规定，其有效期将一直延续，有人称之为“永久期限”的排污权。排污权的无期限设置在实际工作中必然会导致两种结果。

第一种，如果排污权是严肃的、严格的，是在环境管理中被广泛遵循的，那么，企业排污者在购买之后，在排污权有效期内，其实就是“无期限的长期”内，有权按照排污权设定的指标排放污染物，一切阻挠、妨碍、影响企业按照排污权排放污染的活动都是被禁止的。因为排污权是企业花钱购买的，是存在市场价格的，是企业的一种资产，环保部门不征得企业同意即废止或收回排污权是侵犯企业财产的违法行为，环保部门强行以低于市场价格回购排污权是掠夺企业财产的违法行为。

但是，区域初始排污权总量的测定具有极为复杂的技术难度，目前在世界范围内仍是一个难题，正常情况下，区域初始排污权总量在测定并配售给企业排放者之后，要根据运行情况，不断修正，以获取一个最接近区域常态环境容量的排污权总量，这种修正就是一种调控。而排污权的无期限设置使得初始排污权总量一经设定便不再修正，这是违背基本科学常识的。同时，影响区域环境容量的因素是动态变化的，从而对应的排污权也必须是随之变动的，否则就不能保证区域环境质量，这就需要环保部门必须掌握一定的排污权调控手段，而排污权的无期限设置砍掉了环保部门调控的手脚。还有，近一段时期以来，环境突发事件发生频次在我国呈上升趋势，在出现环境突发事件时，排污权的无期限设置屏蔽了环保部门的正常调控手段，把环保部门对企业的环境应急控制都设定成了单纯行政强制，不利于依法行政。此外，中国目前还经常有领导讲话或红头文件要求减排的情况，排污权的无期限设置把环保部门置于了执行政策和维护排污权尊严的两难境地，限制了合法合理缩减企业排污指标的可能性。

由以上分析可以看出，排污权的无期限设置会导致政府环境当局丧失环境调控余地和手段，使环境无法调控、不可能调控。而在政府不调控环境的情况下，最终，排污权会被社会认作为政府行政性重复收费。

第二种，如果在排污权无期限设置基础上，赋予环保部门根据技术原因、环境质量追求原因、突发环境事件和上级政策要求进行排污权数量调控的权利，也就是说，环保部门在企业购买排污权之后，有权自行决定限制其使用，有权强行要求企业额外减少排放，从企业和社会公众的认识来看，排污权就是不严肃的、不严格的，是可以不遵循的，最终，排污权就成为环保部门跟企业和公众开的一个“玩笑”。排污权的信誉扫地，推出排污权的政府部门的信誉也会随之受到影响，排污权制度在社会上终将名存实亡或试点失败。

9.3.2 固定单一长期限设置会严重影响环境调控功能的灵活性和及时性

固定单一长期限设置主要表现为把排污权设定为唯一的5年期，企业排污权5年期满作废，环保部门每5年核定一次区域排污权总量并进行初始排污权配售。这种做法主要依据我国环境规划以5年为周期的特点设定，可以保证区域排污权总量与当期环境规划目标的一致性，并可以借助5年一次排污权总量重新核定的做法，实现5年一次的区域环境调控。

排污权的固定单一长期限设置在一定程度上可以实现排污权的环境调控功能，但是，这种调控仅限于5年一次，周期长，手段单一。在环境质量良好，且长期平稳保持的情况下，减排任务宽松，环保目标能获得满足，环境调控的迫切性和紧急性一般要求不高，这种长周期单一手段调控有可能满足需要。但我国的现实情况是：企业排放高速增长，严重超过环境容量，环境质量严重恶化；国际、国家和区域减排压力巨大，必须经常性不断安排减排工作；污染排放物长期在环境中累积、积聚和相互反应，多数地区已达或超过安全警戒线，这种历史欠账必须逐步归还；严重环境污染事件和突发环境事件频发，环保部门必须临时性紧急、灵活应对。很显然，5年周期单一手段环境调控是无法满足上述现实情况需要的。

在5年一次的环境调控周期内，与上述无期限设置相类似，区域排污权数量无法调整，企业排污权数量不能调整，环保当局5年内对环境恶化无动于衷，必然会饱受公众诟病，被认为是只收费不干事（调控），排污权也会像无期限设置的情况一样，被认为是行政性排污收费的翻版。同样，如果环保当局在5年期内对购买排污权的企业进行限制使用、强行回购、强行额外限排，也会导致排污权丧失严肃性、信誉和价值，最终不被社会认可。

可见，排污权的固定单一长期限设置虽然可以有一定的调控余地，但没有调控的灵活性和及时性，在我国当前严峻的环境条件下，这种调控显然不能满足现实需要，最终会落得与无期限设置类似的结果。

9.3.3 固定单一短期限设置既不利于调控又不利于企业自主安排生产

固定单一短期限设置主要做法是把排污权设定为唯一的3年期，企业排污权3年期满作废，环保部门每3年核定一次区域排污权总量并进行初始排污权配售。这种做法主要依据现实中多数排污许可证以3年为有效期的特点设定，便于排污权以现行的排污许可证为载体直接推行，并可以借助3年一次排污权总量重新核定的做法，实现3年一次的区域环境调控。

排污权的固定单一短期限设置比前面两种期限设置都有利于环境调控，3年周期对区域排污权总量和行业企业排污权分配量进行一次调控，比无期限设置的不调控显然有质的区别，比5年周期的调控更具有灵活性和及时性。但是，基于上文对我国调控需求的现实分析，这种3年周期的调控是否能满足要求呢？3年太久，只争朝夕，中国当前对环境调控的需求是历史上最迫切的，也是全世界最急切的，3年调控间歇期，会有多少环境污染事件、多少公众环境批评和意见、多少减排新政策新任务、多少环境突发事件？我们只需回顾最近的三年，答案就会很明晰。所以，排污权的固定单一短期限设置的环境调控灵活性和及时性与现实需要仍然有较大差距，仍不能避免前两种期限设置导致的诟病和问题。

另外，排污权的固定单一短期限设置还会导致工作量过大和企业生产自主性受限的问题，有管得过多、过细，环保部门累企业也累的嫌疑。固定单一短期限设置要求每次都对原有区域排污权总量、行业排污权分配量、企业排污权分配量推倒重算。对环保部门而言，3年期限，基本就是刚完成上一轮就必须开始下一轮估测、统计、测算、配置、协调等繁杂工作，根本无暇考虑中间的调控事宜。对企业而言，每次初始排污权配售都必须申请、协助审核、到期前核定汇总上报结算，3年一周期，事务繁杂不断。固定单一短期限设置使企业在本3年内不知道下一个3年能分配到多少排污权，企业生产经营是连续的、需要长期计划安排的，3年一周期对企业而言，会频繁地打断和干扰企业的持续性或扩张性发展规划和生产计划，易造成政府直接干涉企业生产、妨碍企业自主生产经营的问题。

9.4 适应环境调控需要的是排污权多期限综合合理配置

排污权的期限设置承载着及时调控污染排放水平和环境质量、促进企业自主调整资源配置结构并合理安排生产的功能，不是简单地划定一个期限就完事的。

从及时调控污染排放水平和环境质量的需要出发，排污权期限应当设置得尽可能短，以留出调控的余地，并满足调控的灵活性和及时性。但短到一定程度，排污许可指标朝令夕改，环保部门想什么时候调就什么时候调，想调多少就调多少，那排污权制度就不存在了。同时，面对非常短的期限，企业无所适从，不知道自己下一步该不该接订单，该不该进原材料，不知道自己下一步还能不能生存。这种情况下，企业还会上马减排设备、应用减排技术吗？答案是否定的。所以，单纯短期限设置是不行的，同时，短期限也应该有个度。

从促进企业自主调整资源配置结构并合理安排生产的功能需要出发，排污权期限应当设置得尽可能长，给企业留出较长的自我规划、自我调整、自我发展周期，减少环保部门的调控。而前文已经分析过，太长的排污权期限设置贻害无穷，会葬送环境质量、排污权制度和环保部门的声誉。

那么，面临这两种极端化的矛盾需求，排污权的期限设置到底该怎么办？笔者认为，应该多期限综合合理配置。

所谓多期限综合合理配置，就是把排污权划分为期限不同的几种类型，长期、中期、短期综合搭配，好比随身携带的现金，有大面额、中等面额和零钱综合搭配以满足购物、打车、坐公交等不同需要一样，去满足重大环境调控、日常环境调控、灵活市场供求和企业安排稳定生产的多种需要。环保部门的环境调控，对排污权总量而言，只能是微调，是对现有社会排污许可量的部分缩减或扩张（目前扩张型调控基本不会出现），所以，可以把这种预计可能调控的量设定为短期的，把预计调控不到的量设定为长期的，如果环保部门对这种预计数量拿不准，可以再设一种中等期限的，用于两面替补。

排污权理论认为，多期限综合合理配置是排污权期限设定的基本要求，单期限设置，无论是长到无期限，短到无期限，还是一个单一的固定期限，都会把排污权这种市场调整与政府调控相结合的新型环境管理制度的手脚捆起来，既不能市场调整又不能政府调控，最终成为“四不像”。美国的排污权交易实践中存在着1年期、3年期、5年期、10年期多种排污权，配合使用，效果明显。

我国目前处于传统工业化向后工业化的过渡阶段，大量高耗能高排放行业和企业处在国家引导的产业结构调整和工业企业转型的过程中；同时，环境问题异常严峻，环境容量异常紧张，排污权的环境调控肩负产业调控和环境调控的双重使命，企业的排污权期限也就是稳定生产期限不宜太长，所以，在目前情况下，可以不考虑以稳定企业生产和资源配置结构为主要效果的10年期设置。

比1年期更短的排污权期限设置在当前环境管理信息化程度不高，排污权尚处在试点阶段和管理水平不高的情况下，有可能会遭到企业的反感，没有借助排污权进行环境调控经验的环保部门也未必能在半年内做出有效调控措施。所以，虽然半年期排污权可以有更突出的调控灵活性和及时性，但操作可能性比较差，建议不设置。

在剩余的1年期、3年期、5年期三种期限中，3年期可以兼顾环境调控和企业自主性的需要，但在排污权试点和初步推广阶段，为了便于认识，简化操作，可以暂不设置。

所以，笔者认为，1年期和5年期综合搭配，是适应我国当前环境质量情况、排污权试点阶段情况、产业结构调整和企业转型情况多种现实需要的排污权期限结构设置模式。

9.5 以河北为例的排污权多期限综合合理配置建议

以河北省为例，参照国家要求，《河北省生态环境保护“十二五”规划》规定，“十二五”期间，“全省化学需氧量、氨氮、二氧化硫、氮氧化物排放总量分别减少10.4%、13.8%、14.3%、15.5%”。以此目标数据为依据预测，河北省的以上几种主要污染物排污权量需要在“十二五”期间缩减调控掉以上比例，为了操作便利并保证任务完成，可以进一位保留整数，从而直接得到理论上河北省这几种主要排污指标两期限综合配置结构理想型（参见表 9-1）。

表 9-1 理论上河北省排污权两期限综合配置结构表

项　目	排污权类型			
	化学需氧量	氨氮	二氧化硫	氮氧化物
1 年期排污权数量比重/%	11	14	15	16
5 年期排污权数量比重/%	89	86	85	84

在初始配置排污权时，环保部门按照当前实际情况估测核定区域排污权总量，并按照表 1 比例分别设定 1 年期排污权量和 5 年期排污权量。对行业、企业进行配置时也按照总量和期限结构进行。1 年后，该部分 1 年期排放权到期作废，环保部门按照区域排放水平和环境质量情况缩减下一年度 1 年期排污权，逐次进行，直到“十二五”最后一年时，不再设置 1 年期排污权或者说 1 年期排污权数量为零，达到环境规划的减排目标。同时，企业在 5 年期间有较大比例数量的长期排污权，可以据此稳定生产，并能够大致预测自己每年可能减少的排污权指标量，便于企业做出采用减排技术和上马减排设备的计划。

但是，单纯依据环境规划做出期限配置其合理性还不充分，因为环境调控的原因不只是减排规划，还有前文论述到的多种原因。比如，政策的新变化，2013 年 9 月 10 日，国务院下发《大气污染防治行动计划》，要求京津冀地区到 2017 年细颗粒物浓度（$PM_{2.5}$）下降 25%，这种环境质量结果性指标的 25%与工业企业减排指标之间的对应关系很难测算，而且也难以在不同大气污染物之间进行配比，某种意义上，可以将这个新政策理解为比环境规划的减排指标更严格了，排污权调减压力更大了。同时，还会发生由于初始排污权设定时的误差、区域环境质量诉求压力增加、突发环境事件等情况需要进行排污权数量调整。另外，排污权试点中只囊括了正常办理了环保手续且纳入排污权试点的大型企业，没有环保手续、脱离环保监测、故意偷排等现象也会加重为了达到环境质量目标和减排目标而进行的排污权调控力度。

综合考虑以上情况，笔者经过初步测算，建议河北省主要大气污染物排污权期限综合配置为 3∶7 结构，即 1 年期二氧化硫排污权和氮氧化物排污权都占 30%，5 年期二氧化硫排污权和氮氧化物排污权都占 70%。此后 1 年期排污权分 3 年逐步消减，到第五年消减为零，每一年的排污权数量比重都以第一年初始排污权测定的数量值为基数。排污权价格按照元/(年・吨）为基本单位进行标价，同种类不同期限排污权单价相同。参见表 9-2。

表 9-2 河北省主要大气污染物排污权期限综合配置方案建议表

排污权类型	1 年期排污权数量比重/%					5 年期排污权数量比重/%
	第 1 年数量	第 2 年数量	第 3 年数量	第 4 年数量	第 5 年数量	
二氧化硫	30	约 20	约 10	约 5	0	70
氮氧化物	30	约 20	约 10	约 5	0	70

这种期限结构设置，在初始排污权配置时，企业减排压力不大，便于排污权的工作开展，利于企业延续上期的生产能力和生产水平，但同时告知了企业今后 4 年减排工作。第二和第三年减排压力大，第四和第五年减排压力相对较小，因为经过前面两年的大力减排，企业减排的能力达到一定水平，压缩空间受到了限制。

需要注意的是，这种期限安排是为调控提供了一个空间，使得环保部门每年都可以根据情况设定调控量，尤其是 1 年期排污权数量的年度调控安排，不可以教条机械照搬，否则，也就没有了调控的灵活性和及时性。另外，表 9-2 的期限配置只是一个总量性配置示意，不同行业、不同企业的期限配置比例可以不同。比如，对于当前国家要求压产比重大的钢铁、玻璃、水泥等行业，1 年期排污权的比例数额应该增加，对于规模小、减排技术落后、单产排放量大的企业，1 年期排污权的比例数额也应该增加，相反，对于符合环保需要，政策鼓励发展的行业和企业，1 年期排污权的比例数额应该减少。这也是利用排污权期限配置进行环境调控的组成部分。

排污权是环境资源化管理的基本载体，其核心不在于把环境资源变成萝卜白菜，而是在环境与政府之间形成一种调控关系，使企业运用排污权安排生产像风筝一样飘洒自如，使政府对企业排污的控制像牵风筝的线一样有力但不局限风筝的活动。

期限对于排污权，就好比画龙点睛。排污权的大量相关工作都做了，而且做得非常到位，但由于没有眼睛，排污权还是活不起来。但是，点睛不好，把排污权的期限设成了无期限或某种单一期限，就可能使龙成为瞎龙、病龙、睡龙。只有多期限综合合理配置，才能使排污权拥有基本的环境调控功能，发挥出减排和保证环境质量的作用，并兼有活跃市场，促进企业合理自主安排生产和配置资源结构的作用，在环保领域把市场之手与政府之手牵起来，使排污权被社会各界所认可，最终活起来。

10 排污权的数量配置技术方法和程序完善研究

从广义上来说，排污权配置的数量确定包含两个层次上的问题，一是将国家某种污染物的总量控制目标分配到省和市，二是地方环境行政机构将辖区的总量指标以排污权的形式分配到具体的排污企业。如果考虑环境问题的国际协作，还可能存在国际上的排放量分配问题，比如《京都议定书》对签字国的减排要求就体现了这种作用。目前国家之间的排污指标交易就体现了这层意义。我们这里所讲的排污权数量配置数量问题是从狭义上说的，仅指第二层含义。

排污权数量配置必须在全国和区域排放总量控制的前提下确定具体排放企业的指导性应得数量。如果缺少这样一个指导性数量标准，排污权的分配就会失去标准和原则，就有可能造成排污权配置与现实需要之间的严重脱离，失去社会公平，引发社会矛盾。在排污权可以二次转让情况下，还可能刺激“排污权托拉斯”“排污权辛迪加”“排污权卡特尔”乃至排污权的寡头垄断的出现，如果这些垄断组织或个人在初级市场上获取远远超过自己需求的足以操控市场的排污权，就足以牵住其他所有企业的“牛鼻子”，达到操控某地区或行业市场的可怕后果。这不但是有损公平、公正原则的问题，而且是损害整个市场经济体制的问题，可能最终葬送排污权交易制度体系本身。

10.1 排污权数量配置的方法

排污权配置的数量确定可以采用多种方式。拍卖法是一种环境行政管理部门介入较少，市场化程度较高的方法，国内有不少学者主张采用这种方式进行排污权的数量配置工作，也可以在一定程度上避开排污企业之间的种种差异。但这种方式完全以经济实力决定排污权数量配置数量，有实力的污染大户可能因此得益，而经济境况欠佳的与国家和社会大众联系密切的企业却可能无法得到足够的排污权，从而缺乏政府对污染控制方向和污染控制技术引导作用的体现。这种方法可能导致排污权在企业之间的配置情况严重脱离实际需要，甚至出现以上提到的垄断现象，所以，拍卖法不能用来确定排污权数量配置的数量。如果需要借助这种市场化的方法配置排污权，必须要先设定每个参拍企业可以申购的最大数量，在该数量以内各企业可以自由报价。美国现行的二氧化硫排污权初始拍卖配售法仅仅是针对预留的少部分配额（不超过10%）进行的，可以说是在环境行政机构采用行政性手段对各排污企业分配排污权指标的基础上进行的少量市场调剂，这是可行的。新设排放源以及排污权存在缺口的企业可以通过这种拍卖获得当期预留排污权指标。

在排污权数量配置的数量确定活动中，一般应考虑采用根据排放源的历史排放数据确定排污权数量的方法和根据排放源的排放强度确定排污权数量的方法。

10.1.1 历史排放量法

根据排放源的历史数据来进行排污权配额的分配是目前各国比较常用的方法。美国的二氧化硫排污交易体系使用的排污权配额分配方法就是这种。历史数据的选择可以是有代表性的一年的数据，也可以是过去几年排放数据的平均值。具体到我国“两控区”的电厂而言，对于排放情况变化不大的企业，可以采用多年的平均值作为排污权数量配置的数量设置依据；对于排放变化较大的企业，可以以最近一年的数据为主要依据，合理参照多年平均值，也可以主要根据排放水平现状，直线推理一定期限内可能的排放量。这种方法考虑了企业的排放历史水平，尊重企业排放现实水平，易于为广大企业接受，具有较强的可操作性。当然，这种方法也容易使生产落后和治理水平差的企业得到便宜，对技术先进、治理进度快的企业不利，有鞭打快牛、鼓励落后的嫌疑。

根据历史排放量的排污权初始配额分配可以用下列公式表示：

约束条件：
$$E_f = E_c(1 - p) \geq \sum_{i=1}^{n} e_i$$

分配计算：
$$e_i = e_c(1 - p_i) \times \varepsilon$$

式中 E_f——SO_2 的排放目标，即 f 年的排放量；

E_c——现状排放量；

p——SO_2 的削减目标，即到 f 年 SO_2 削减百分比；

e_i——每个企业分配的配额；

e_c——每个企业现状排放量；

n——参与交易的企业个数；

p_i——根据总的削减百分比 p 确定的针对每个企业的削减百分比，根据环境管理部门的要求，每个企业的削减目标与总的削减目标可能会有所不同；

ε——调节因子，根据环境管理部门的需要，在进行配额的分配时，综合考虑企业的生产技术水平和污染治理水平而确定的调节因子。

可见，历史排放量法进行排污权初始配额分配的关键是确定现状的排放量和削减水平，同时确保每个企业所分配到的配额之和不能够超过总量控制目标，这一方面是为新的污染源提供发展的空间，另外拿出一部分排污权配额由环境管理部门统一进行调节，增加了分配的灵活性。同时，调节因子的引入弥补了由于现有企业的技术水平和治理水平的差异所带来的不公平。

10.1.2 排放强度法

以二氧化硫大气污染物为例，按照排放强度进行排污权初始配额分配可以有两种计量方法，一是按照发热量进行分配，二是按照排放绩效标准（GPS）分配。

按照发热量分配排污权的方法基于这样一个原理：二氧化硫的排放主要来自能源消耗，单位能源的二氧化硫排放量体现了企业的单位能源生产排放二氧化硫的水平。这种方法在许多国家普遍应用，从科学的角度而言，是合理可行的，但这种方法不能体现最终的能源使用效率。

按照排放绩效标准（GPS）分配排污权的方法主要针对火电行业而言，以电厂发电量为测算基础。即设定一个基于大量试验监测得到的生产单位发电量需要排放的二氧化硫水平，根据火力电厂的发电量即可确定其所应获得的排污权配额数量。这种方法既可以公平的分配排污权，又有利于促进提高能源的整体效率，促进清洁能源和清洁生产的发展，促进环境质量的改善。目前我国已经开始将排放绩效标准引入到电力行业，如果这种方法得到大面积推广，要比采用其他方法前进一大步。

在这一方法中，控制目标有两个，一是污染物的排放总量控制目标，另一个是环境绩效控制目标，即 GPS 目标。GPS 分配方法可以按照下式计算：

约束条件：

$$E_f = S_f \times G_c \geqslant \sum_{i=1}^{n} e_i$$

$$S_f < S_c = \frac{E_c = \sum_{i=1}^{n} e_{ci}}{G_c = \sum_{i=1}^{n} g_{ci}}$$

分配计算：

$$e_i = S_f \times g_c \times \varepsilon$$

式中 S_f——控制目标年末的 GPS 标准；

G_c——交易范围内电厂的现状发电量；

S_c——现状 GPS；

G_c——污染源现状发电量；

ε——调节因子。

其他符号意义同上。

应用 GPS 方法确定排污权初始配额，首先要确定各参与排污权交易计划的电厂的平均 GPS 标准，然后根据控制目标年的 SO_2 削减量，综合考虑火电的发展情况、火电厂技术进步、能源结构改善等因素，确定控制目标年的GPS标准，然后根据新的GPS标准和企业现状的发电量来分配配额。

GPS方法对配额的分配兼顾了企业的生产和污染治理情况，相对来说较为公平。这一方法能够促进环境行为差的污染源改善其环境行为，有利于火电厂的技术进步和配套的相关政策相结合，会对能源结构的调整有所帮助。

10.2 排污权数量配置的程序

无论采用历史排放量法还是排放强度法都需要收集排污企业的一些基础信息，在这些基础信息的基础上，通过环境行政机构在区域允许排放总量与需要排放总量之间、各排放企业排放需求之间进行协调和权衡，才能确定排污权数量配置数量。这些活动大致应该经历以下几个步骤。

10.2.1 账户设置

设置账户相当于加入排污权制度体系，取得参与排污权初始分配与二次交易的资格。

设置账户是市场规范发展的必要条件。证券交易市场要求每一个进入股市进行证券交易的人必须先行开设证券账户，排污权交易也是如此。在第八章我们介绍了美国排污权交易体系中的账户问题，EPA为每个参与排污权交易计划的企业都建立账户，账户的主要内容包括全部许可证的发布情况、每个账户持有的许可证数量、各种许可证存储中的许可证数量（如特别存储许可证和可再生资源存储许可证）、许可证扣除量、账户之间的许可证交易情况等等，事实上是一个信息系统。我国排污权交易制度实施的第一步也应当为每一个参与交易的企业设置账户。

账户设置可以是自愿的，也可以是环境行政机构统一安排的。在制度实施初期，大多数由环境行政机构统一安排账户，是否实施排污权交易制度不由企业自主决定，而是统一的制度安排。环境行政机构决定在哪个区域、哪个行业、对符合何种条件的企业推行排污权交易制度，就会通知这些企业报送相应材料，设立相应账户。在排污权交易制度经历一定时期的发展，逐步走向成熟的时候，并不强制要求加入该体系的企业可以主动申请加入排污权制度体系，要求开设排污权账户。

设置排污权账户时，环境行政机构对每一个账户申请者设置一个唯一的号码，用于身份确定和识别，一个排污源只能申请一个唯一的账户。在账户内应记载排污源的基本情况，比如名称、所在地、行业、排污类型、排污设备数量功率、联系方式尤其是企业排污权（账户）管理部门的联系方式及电子数据传输地址等等，并对排污权数量配置数量及时间、历次流通数量及时间等排污权的

“进”、“出”情况作出清晰记录。每个排污权账户应坚持按时汇总结算，以供环境行政机构对企业排污权使用情况进行监测。

排污权账户信息必须在环境行政机构及其排污监测中心、排污权初级市场和流通市场、排污权流通情况跟踪监测中心实施共享，以便确定每一个账户下的排污权使用、流转、节余情况，并与实际排放量进行比对。交易发生时，经纪人通过排污权交易所的交易计算机系统在排污权账户上进行入账和扣划，排污权流通情况跟踪监测中心进行联网监督核实，交易者进行联网查询监督。每个拥有排污权账户的企业的账户信息逐年汇总，并存入排污权信息数据库，留做档案材料备查。

设置排污权账户不会增加排污企业和环境行政机构的工作量。现行排污申报制度要求企业必须将企业及其污染物排放情况向环境行政机构及时通过同一软件进行申报（参见下一步的相关内容），这些工作中的一部分稍加调整即可成为排污权账户设置工作。

10.2.2 排污权申购

这一过程与现行排污申报类似，是一个环境行政机构与排污源之间的信息交互过程。

中国排污申报制度规定“排污单位必须按所在地环境保护行政主管部门指定的时间，填报《排污申报登记表》，并按要求提供必要的资料”。《环境保护法》规定：排放污染物的企业事业单位必须依照国务院环境保护行政主管部门的规定申报登记。《大气污染防治法》规定：向大气排放污染物的单位，必须按照国务院环境保护行政主管部门的规定向所在地的环境保护行政主管部门申报拥有的污染物排放设施、处理设施和在正常作业条件下排放污染物的种类、数量、浓度，并提供防治大气污染方面的有关技术资料；排污单位排放大气污染物的种类、数量、浓度有重大改变的，应当及时申报。国家环保部又发布了《关于全面推行排污申报登记的通知》，对排污申报登记的范围和要求做出了规定：（1）全面进行排污申报登记。排污申报登记的范围包括一切直接或间接向环境排放污染物的企业（包括县及县以上企业、乡镇企业、“三资”企业）、事业单位及个体工商户。（2）统一申报，统一软件（《国家排放污染物申报登记信息管理数据库》软件）。实际工作中企业排污申报登记的主要内容有：企业、事业单位基本情况，包括企事业单位详细名称、法人代表、主要产品、原材料和生产工艺流程图等；生产工艺废气排放情况，包括排放废气的车间工段名称及主要污染物排放量等；燃料燃烧排放情况，包括锅炉、窑炉、茶炉、炉灶的 SO_2 等污染物排放情况，所在功能区等；此外，还包括主要污染治理设施情况、厂区平面布置图等。排污单位必须按照环境保护部门规定的时间进行申报登记。申报表每年填报一次，企业的生产情况按上一年度正常的生产情况填报，排污情况按实际情况填报。新建、改建、扩建或转产的项目，试产前三个月内按照规定向环境保护部门申报，拆除或闲置污染治理设施以及改变排污方式，污染排放情况有较大改变时，应提前 15 天向环保行政主管部门申请，并同时变更申报手续，属突发性的重大改变，必须在改变后三天内进行申报。

以排污申报制度为基础，根据历史排放情况和生产发展计划，排污企业可以方便地进行排污权申购工作，在申购表中填写具体申购数量。申购数量是排污企业有理有据地表明自己正常进行生产，采用符合国家环保要求的治理措施、减排设备和清洁能源所必须排放的污染物数量，在排污权数量申购表中要明确填写近两年排污量、与排污直接相关的产品产量、生产（排污）设备的型号、台数、排污燃料（原料）、生产工艺、减排措施、环保设备等信息，并必须保证这些信息的准确性。排污权的申购数量与这些信息要匹配，不允许无根据的超量申购。依据信息失真，造成排污权申购明显超过合理数量的，由环境行政机构给予超量数额两倍以上五倍以下的排污权减配处罚，并在今后申购时必须写出申购数量必要性报告，经有关专门环境机构认可后与申购表一起递交申购。

排污权申购是向环境行政机构传递排污企业增减变动、生产能力调整和具体排放需求数据的活动。没有这一环节，环境行政机构对排污企业的情况就不能全面具体的掌握，对排污权的数量配置工作就会失去依据和标准。

10.2.3 排污权申购数额审核与确定

排污权申购数额审核是环境行政机构根据排污企业申报的排污权数据，利用已掌握的信息资料和实际监测数据对申报表格中的数据情况进行逐项核准的活动。与现实的排污申报审核相类似，核准工作可以包括：对申报表的逻辑审核；利用多年积累的数据进行审核；利用有关部门的资料进行审核；监测复核；现场调查复核。

环境行政机构对申购书进行全面审查核实后，区别不同情况进行处理：与历史排放量基本一致且其他各项依据属实可信的，通过审查予以登记纳入排污权申购数据库；因企业增产、扩建、改建或新设等正当原因引起排污权申购数额明显超过历史排放量，而其他各项依据真实且与申购额之间具有科学联系的，查阅其增产、扩建、改建、新设的法定手续尤其是三同时、环境预评价、排污申报等手续，确已齐备的，通过审查予以登记纳入排污权申购数据库，手续欠缺的，要求办理或补办或者按历史排放量数据纳入当期排污权申购数据库；低于历史排放量，经查是由于改用清洁能源、改进生产工艺或新上减排设施带来减排效果且数据合适的，通过审查，纳入排污权申购数据库并予以优先确保申购数额足量供应；低于历史排放量，经查是由于生产萎缩产生减排效果且数据合适的，通过审查，纳入排污权申购数据库与一般申购同等对待；申购数量超过历史排放量且无正当理由，或者申购数量依据不能有效支持申购数量的，或者申购数量的依据存在虚假情况的，不能通过审查，限期重新办理申购，并酌情给予处罚。

排污权申购工作结束后，由环境行政机构根据国家和上级机构的总量控制指标分配结果，将本辖区分得的排放指标总量与申报的排污权总量进行比对。申报的排污权总量小于排放指标总量的，可以按照实际申报数确定排污企业最高可购得的指导性数额；申报的排污权总量大于排放指标总量的，应当优先按实际申报数满足因改用清洁能源、改进生产工艺或新上减排设施带来减排效果的企业，其余按实际申报数消减一定百分比后确定最高可申购指导性数额。环境行政机构可以在排放指标总量中预留一小部分比例作为机动，以应付突发环境事件或新、扩建等新增排污需求，也可以作为地方环境整治方案中的一部分，以促进本地环境质量的快速提高。

环境行政机构确定的最高可购排污权指导性数额是排污企业在初级市场上获得排污权的最高限额，排污企业可以放弃购买排污权或者部分购买排污权，但不得超过限额申购。

10.2.4 排污权申购数额的公布与配售

在排污企业最高可购排污权指导性数额确定以后，环境行政机构应当通知企业，并进行公告，允许申购企业提出异议，进行监督。申购企业对所确定的限额有意见的，环境行政机构应当进行复议，理由充分可信的应当重新审核确定最高可申购限额。

排污权申购数额确定并公布一定期限以后，应当按照事先规定的时间进行排污权数量配置工作。数量配置可以采用多种具体方式，在开始阶段宜采用操控性比较强的直接发售法，按照环境行政机构设定的配售价格在配售额度以内由申购企业付款认购，环境行政机构凭交款收据向其排污权账户划拨相应数量排污权，具体配售工作可以由环境行政机构进行，也可以由环境行政机构委托代理人进行。也可以采用通过市场拍卖或在流通市场上随市发售的方式，但由于数额已经限定，不会产生明显供求结构变化和价格波动现象。

配售工作结束，列入配售计划的排污权尚有剩余的，可以发布公告另外进行拍卖。这种拍卖不设数量限制，以正常数量配置的指导定价为底价自由竞买，出价高者优先获得，直到排污权销售完毕或没有人竞买为止。一般来看，这种剩余排污权拍卖的成交价格应该高于环境行政机构的直接发售价格，而低于流通市场的一般交易价格。

10.2.5 排污权配置数量信息管理

排污权数量配置数量信息是国家和地方环境行政机构进行污染源管理的重要

数据源。环境行政机构应当对其记录、存储和传输，据以和企业实际排污量进行比对，随着其使用和出售情况在排污权账户上进行冲销或划拨。随着排污权的逐年配售与交易，企业账户上可能同时存在不同期限、不同类型、不同区域的排污权，还有排污权的跨期结转（存储）问题，对排污权数量信息管理的工作量会相当庞杂。目前国家和各级环境保护部门已建立了基于排污申报制度的信息管理系统，实施对数据的统一管理。在此基础上，也应建立相应排污权信息系统，进行统一管理。

10.3 河北省钢铁行业主要大气污染物初始排污权核定

在综合国内外经验和技术要求的基础上，课题组根据河北省排污权有偿使用和交易试点工作的需要，结合本课题研究，与河北省环保厅相关处室共同起草了《河北省钢铁水泥电力玻璃企业主要大气污染物初始排污权核定技术规范（试行）》，经环保厅办公室下发执行。初始排污权核定分配主要规则如下。

主要大气污染物是指“十二五”期间国家和本省实行总量控制的二氧化硫（SO_2）和氮氧化物（NO_x）两项污染物。钢铁企业是指未通过有偿方式获得排污权指标已经投入运行的企业（已获得环境影响评价批复但未投入正式运行的钢铁企业也应纳入初始排污权分配范围）。初始排污权是指现有钢铁企业通过环境保护行政主管部门核定和分配的方式所取得的主要污染物排放总量指标。初始排污权控制总量是指“十二五”期间钢铁行业主要大气污染物总量控制指标。可分配初始排污权总量是指区域内可分配给现有钢铁企业的初始排污权总和。

10.3.1 钢铁企业初始排污权核定方法和程序

钢铁企业初始排污权核定方法和程序具体如下。

（1）钢铁行业初始排污权控制总量的确定。根据本区域“十二五”主要污染物减排规划，以现有钢铁企业 2015 年二氧化硫和氮氧化物排放总量控制目标为依据，确定钢铁行业初始排污权控制总量。

（2）现有钢铁企业可分配初始排污权总量的确定。钢铁行业初始排污权控制总量扣除政府预留的储备量后，作为现有钢铁企业可分配初始排污权总量。

（3）确定现有钢铁企业名单。现有钢铁企业名单原则上应包括所有 2010 年污染源普查动态更新中所包括的钢铁企业，以及“十二五”期间，截至本规范实施前，未通过有偿方式获得排污权指标的新投运或已获得环境影响评价批准文件但未投入正式运行的钢铁企业。企业名单由设区市和县（市、区）环境保护行政主管部门汇总上报，由省环境保护行政主管部门确定。

（4）初始排污权的核定。钢铁企业初始排污权核定量由负责该排污单位排污许可证管理的环境保护行政主管部门根据当地分配给该单位的污染减排指标、所属行业的排污绩效、依法取得相应资质的监测机构出具的监测数据和国家、本省有关污染物排放标准核定。

主要大气污染物初始排污权的技术核算工作可由钢铁企业自行编制或委托第三方技术中介机构承担。

初始排污权的公示：钢铁企业核定的排污权由省环保厅或设区市，辛集、定州市环保局进行公示。公示期间排污单位提出异议的，负责核定的环境保护行政主管部门应组织复审。公示期内无异议的，环境保护行政主管部门应据此核发初始排污权核定书，明确企业允许排放污染物的数量以及排放浓度限值等内容。

本次初始排污权核定后，各钢铁企业拥有的排污权（包括初始排污权和排污权有效期内通过交易获得的排污权）将作为下一个阶段环境保护行政主管部门对钢铁企业重新进行排污权核定的基数，并按本规范规定重新进行排污权核定。省环境保护行政主管部门负责钢铁行业中列入省发排污许可证范围内的企业的初始排污权指标的核定工作；设区市和辛集、定州市环境保护行政主管部门负责所辖市区范围内非省负责的钢铁企业的初始排污权指标的核定工作。设区市、县（市、区）对钢铁行业其他污染物实行总量控制的，其初始排污权核定的方法和程序，可参照本规范制定。国家对钢铁企业主要大气污染物初始排污权的核定另有规定的，从其规定。

10.3.2 钢铁企业主要大气污染物初始排污权绩效核定方法

钢铁企业主要大气污染物二氧化硫和氮氧化物初始排污权采用绩效方法确定，包括烧结、球团及高炉设施。

10.3.2.1 烧结/球团生产设施

烧结/球团生产设施的初始排污权为烧结机/球团的面积/产能（m^2/万吨）乘以排放绩效值。计算公式为

$$M_i = S_i(CAP_i) \times GPS_i$$

式中 M_i——第 i 台烧结/球团生产设施的主要污染物总量指标，t；

$S_i(CAP_i)$ ——第 i 台烧结/球团生产设施的面积/产能，m^2/万吨；

GPS_i——第 i 台烧结/球团生产设施允许的排放绩效值，吨/万吨。

10.3.2.2 高炉

高炉的主要污染物初始排污权为高炉产能乘以排放绩效值，再乘以生产设施年投运率。计算公式为

$$N_i = BFP_i \times GPS_i \times OP_i$$

式中 N_i——第 i 座高炉的主要污染物总量指标，t；

BFP_i——第 i 座高炉的生产能力，万吨；

GPS_i——第 i 座高炉允许的排放绩效值，吨/万吨；

OP_i——第 i 座高炉年投运率（实际取值时可参考上一年度实际生产时间和本年度计划生产时间进行确定），等于年生产小时数除以 8760h，%。

10.3.2.3 绩效值

A 排放标准方法

依据《钢铁烧结、球团工业大气污染物排放标准》（GB 28662—2012）、《钢铁工业大气污染物排放标准》（DB13/1461-2011），现有钢铁企业主要大气污染物排放标准及对应绩效值见表 10-1。

表 10-1 钢铁企业主要大气污染物排放标准及对应绩效值

排污节点	执行年限	绩效值			对应排放限值/$mg \cdot m^{-3}$	
		单位	二氧化硫	氮氧化物	二氧化硫	氮氧化物
烧结机机头	2014 年底前	t/m^2	9.46	18.92	200	400
	2015.1.1 起			14.19		300
	特别排放限值		8.51	14.19	180	300
球团焙烧	2014 年底前	吨/万吨	9.46	18.92	200	400
	2015.1.1 起			14.19		300
	特别排放限值		8.51	14.19	180	300
高炉热风炉	2013.11.30 起	吨/万吨	1.4	5.25	80	300

注：其中烧结机、球团竖炉烟气量按每平方米/万吨每小时产生烟气量 5400m^3 计算，高炉烟气量按每万吨产能 1750m^3 计算。

B 物料衡算方法

根据《河北省省委省政府关于印发河北省大气污染防治行动计划实施方案的通知》《主要污染物总量减排核算细则》，现有钢铁企业主要大气污染物排污绩效值选取详见表 10-2～表 10-5。

表 10-2 二氧化硫初始排污权指标核定绩效值表

设 施	绩效值	单位	对应综合脱硫效率/%
烧结机	5.49	t/m^2	60
球团竖炉	4.08	吨/万吨	60
高 炉	1.51	吨/万吨	—

表 10-3 烧结机氮氧化物初始排污权指标核定绩效值表

设施	规模/m^2	绩效值/$t \cdot m^{-2}$	对应产污系数/$kg \cdot$ 吨烧结矿$^{-1}$
烧结机	≥180	5.22	0.522
	50~180	5.84	0.584
	≤50	6.12	0.612

表 10-4 球团竖炉氮氧化物初始排污权指标核定绩效值表

设施	规模/万吨	绩效值/吨·万吨$^{-1}$	对应产污系数/千克·吨球团矿$^{-1}$
球团竖炉	≥180	5.22	0.522
	50~180	5.84	0.584
	≤50	6.12	0.612

表 10-5 高炉氮氧化物初始排污权指标核定绩效值表

设施	规模/立方米	绩效值/吨·万吨产能$^{-1}$	对应产污系数/吨·吨铁$^{-1}$
高炉	≥2000	1.5	0.15
	350~2000	1.7	0.17
	≤350	1.92	0.192

注：高炉氮氧化物产污系数采用热风炉燃烧产排污系数。

烧结/球团生产设施二氧化硫排放绩效值=（吨烧结/球团铁矿石用量×铁矿石硫分+吨烧结/球团固体燃料用量×固体燃料硫分）×1.7×（1-脱硫效率）×10000。

每吨烧结矿生产耗用铁矿石按 0.9t 核定，耗用固体燃料按 45kg 核定（一般为 40~50kg），铁矿石硫分按 0.06%核定，固体燃料硫分按 0.6%核定，所有烧结生产设施综合脱硫效率按 60%核定。每吨球团矿生产耗用铁矿石按 1.0t 核定，铁矿石硫分按 0.06%核定，所有球团生产设施综合脱硫效率按 60%核定。

钢铁企业高炉设施二氧化硫排放绩效值=高炉煤气产生系数×硫化氢浓度×硫化氢-二氧化硫转换系数×10^{-5}。

高炉煤气产生系数按吨生铁 1750m^3 核定（一般为 1700~1800m^3），硫化氢浓度按 45.8mg/m^3 核定（一般为 20~50mg/m^3），硫化氢-二氧化硫转换系数为 64/34。

10.3.3 钢铁企业主要污染物初始排污权核算技术报告内容

初始排污权核算技术报告应实事求是，体现科学、客观、公正、准确的原则。报告应包括以下内容。

（1）钢铁企业概况。

企业背景：企业已有的与环保有关的手续及相关材料。

基本情况及项目组成：包括项目的规模、主要生产设备和公用及贮运装置、平面布置、产品（包括主产品和副产品）方案、投资、建设地点等。工程内容应包括主体工程、辅助工程、公用工程、环保工程、储运工程以及依托工程等。

物耗能耗：主要原辅材料及其他物料的理化性质及其消耗量，能源消耗数量、来源及其储运方式，原料及燃料的类别、构成与成分，产品的性质、数量。

（2）工艺流程和产污分析。

工艺流程。绘制包含产污环节的生产工艺流程图，分析主要污染物产生、排放情况，列表给出污染物的性质、产生量、产生浓度、削减量、排放量、排放浓度、排放方式、排放去向及达标情况。

主要污染物产生和排放统计汇总。统计汇总正常生产条件下，主要污染物产生和排放的方式、浓度和排放量。

（3）环境保护措施及效果。

大气污染防治措施。企业生产废气采取的污染防治措施，包括工艺、去除效率以及达标情况，明确目前所采取的措施是否能做到长期稳定运行并满足相应排放标准要求。

大气污染防治投资估算。给出各项环境保护措施及投资估算一览表。

（4）初始排污权核算。钢铁企业依据本规范核算初始排污权数量，并说明对应的核算参数。

已分配总量控制指标。给出钢铁企业主要大气污染物排放总量指标的来源，是否已得到地方有关部门的批准，是否满足区域总量控制要求和污染减排要求。

绩效核定排放量。依据河北省《钢铁企业主要大气污染物初始排污权绩效核定方法》给出的钢铁行业各生产设施排污绩效值，核算出主要大气污染物二氧化硫和氮氧化物的排放量。

企业实际排放量。根据实际监测的废气流量及其污染物浓度，计算出企业二氧化硫和氮氧化物的实际排放量。满足有效性认定要求的监测数据，方可用于核算废气中二氧化硫和氮氧化物的产生量和排放量。数据采用的优先顺序是自动在线监测数据、监督性监测数据、验收监测数据。

达标排放量。以钢铁行业现行的污染物排放标准中规定的主要大气污染物排放浓度标准，乘以满负荷生产条件下废气排放量核算出达标排放量。

（5）核算结论。钢铁企业以上述核算出的初始排污权结果为基础，根据本年度生产计划，综合确定本企业初始排污权申报量。

（6）附件。初始排污权核算技术报告中应附以下材料：法人证书和营业执照复印件；建设项目环境影响报告（报批版）及环境影响评价批复文件复印件；

主要污染物排放总量指标的批复文件复印件；上一年度环境统计数据；建设项目试生产批复文件复印件；建设项目竣工环境保护验收文件复印件；建设项目竣工环境保护验收监测报告原件；自动在线监测数据和监督性监测数据复印件。

10.3.4 钢铁企业主要大气污染物初始排污权绩效值测算说明

采用钢铁行业相关排放标准、物料衡算和经验值相结合两种方法，对钢铁企业不同生产工序主要大气污染物初始排污权的绩效值进行核定。结合 13 家钢铁企业实际在线监测数据及污染源普查动态更新数据，对上述两种方法确定的绩效值进行对比分析和验证。

（1）根据排放标准确定绩效值。依据《钢铁烧结、球团工业大气污染物排放标准》（GB 28662—2012）、《钢铁工业大气污染物排放标准》（DB13/1461—2011），现有钢铁企业主要大气污染物排放标准及对应绩效值见表 10-3。

（2）物料衡算法确定绩效值。目前环保部核定钢铁企业各工序二氧化硫排放量均采用物料衡算法，而氮氧化物未核定。故在此方法下，二氧化硫绩效值采用物料衡算法，氮氧化物绩效值确定采用产排污系数法。

烧结/球团生产设施二氧化硫排放绩效值=（吨烧结/球团铁矿石用量 ×铁矿石硫分+吨烧结/球团固体燃料用量×固体燃料硫分）×1.7×（1-综合脱硫效率）×10000。

每吨烧结矿生产耗用铁矿石按 0.9t 核定，耗用固体燃料按 45kg 核定（一般为 40~50kg），铁矿石硫分按 0.06%核定，固体燃料硫分按 0.6%核定，所有烧结生产设施综合脱硫效率按 60%核定。每吨球团矿生产耗用铁矿石按 1.0t 核定，铁矿石硫分按 0.06%核定，所有球团生产设施综合脱硫效率按 60%核定。

钢铁企业高炉设施二氧化硫排放绩效值=高炉煤气产生系数×硫化氢浓度×硫化氢-二氧化硫转换系数×10^{-5}。

高炉煤气产生系数按吨生铁 1750m^3 核定（一般为 1700~1800m^3），硫化氢浓度按 45.8mg/m^3 核定（一般为 20~50mg/m^3），硫化氢-二氧化硫转换系数为 64/34。

根据物料衡算和理论经验值相结合计算方法得到的钢铁企业二氧化硫初始排污权核定绩效值见表 10-2~表 10-5。

（3）对比钢铁企业实际数据。烧结机。由于烧结机烟气产生不稳定，烟气量相差很大，在依据排放限值确定绩效值时，烟气量使用经验数值进行确定，使得绩效值偏大，二氧化硫绩效值超过了调研企业中绝大部分烧结机实际绩效值，氮氧化物绩效值则远大于调研企业中最大实际绩效值。物料衡算法确认的二氧化硫绩效值居于实际绩效值平均水平，根据产污系数确认的氮氧化物绩效值居于实际绩效值平均水平。

球团竖炉。由于目前球团竖炉脱硫工程大部分都处于可研或在建阶段，无在线监测数据，因此参考钢铁企业 2013 年环统排放量（均为直排），在此基础上附加 60%综合脱硫效率确定实际绩效值。依据排放限值确定的二氧化硫、氮氧化物绩效值均远超过实际绩效值最大值，物料衡算法确认的二氧化硫绩效值与实际绩效值相符，氮氧化物绩效值略大于实际绩效值最高值。

高炉。以上两种方法确认的二氧化硫绩效值较实际绩效值均居于平均水平。由于大部分企业并未监测高炉氮氧化物排放浓度，故参考钢铁企业 2010 年污普动态更新调查数据测算实际绩效值，排放标准法确认的绩效值较实际绩效值相差很大，物料衡算法确认的绩效值与实际绩效值相符。

（4）验证结论。二氧化硫排放量核算验证情况。2013 年环保部认定唐山市钢铁全口径烧结机/球团二氧化硫排放总量为 16.25 万吨，钢铁行业总体二氧化硫排放总量 16.68 万吨。按照排放限值方法中最严排放标准核算，唐山市钢铁全口径企业烧结机/球团二氧化硫排放总量为 17.55 万吨，钢铁行业总体二氧化硫排放总量为 19.39 万吨；按照物料衡算绩效值核算，唐山市钢铁全口径企业烧结机/球团二氧化硫排放总量为 10.80 万吨，钢铁行业总体二氧化硫排放总量为 12.79 万吨。由此可见，环保部认定数据介于按照两种方法核算钢铁行业排放总量之间。

氮氧化物排放量核算验证情况。环保部核定氮氧化物指标总排放量时将钢铁行业归类于其他行业（即非电非水泥非机动车行业），不参与全口径计算，2013 年环保部认定唐山市其他行业氮氧化物排放总量为 14.55 万吨。按照排放限值方法中最严排放标准核算，唐山市钢铁行业总体氮氧化物排放总量为 36.17 万吨；按照物料衡算绩效值核算，唐山市钢铁行业总体氮氧化物排放总量为 13.72 万吨。由此可见，利用排放标准方法绩效值核算的钢铁行业氮氧化物远大于环境统计及环保部认定数据，物料衡算绩效值核算的钢铁行业氮氧化物较环境统计及环保部认定数据略偏大。一方面是由于确定绩效值使用的产排污系数多年没有更新，原有产排污系数可能较实际偏大；另一方面，钢铁行业氮氧化物排放指标未纳入全口径计算，企业填写环境统计表时，氮氧化物未根据实际生产情况做相应变化。

（5）建议。由于企业实际排放总量与污染源普查和环境统计总量存在一定差异，建议核定企业初始排污权时应本着实事求是的原则，以物料衡算绩效值作为参考，但不突破排放标准绩效值。

10.4 平板玻璃行业主要大气污染物初始排污权核定

平板玻璃行业主要大气污染物是指“十二五”期间国家和本省实行总量控制的二氧化硫（SO_2）和氮氧化物（NO_x）两项污染物。平板玻璃企业是具有熔化玻璃原料的热工设备，采用浮法、平拉、压延等工艺制造平板玻璃的企业，不包括单纯进行平板玻璃深加工的企业。现有平板玻璃企业是指，本规范实施之日前未通过有偿方式获得排污权指标已建成投入生产（含停产）及环境影响评价文件已通过审批但未投入生产的平板玻璃制造企业。初始排污权是指现有平板玻璃企业通过环境保护行政主管部门核定和分配的方式所取得的主要污染物排放总量指标。平板玻璃行业初始排污权控制总量是指“十二五”期间平板玻璃行业主要大气污染物总量控制指标。平板玻璃行业可分配初始排污权总量是指区域内可分配给现有平板玻璃企业的初始排污权总和。

10.4.1 初始排污权核定方法和程序

10.4.1.1 平板玻璃行业初始排污权控制总量的确定

根据本区域“十二五”主要污染物减排规划，以现有平板玻璃企业排污单位2015年主要大气污染物二氧化硫和氮氧化物排放总量控制目标为依据，确定平板玻璃行业初始排污权控制总量。

10.4.1.2 可分配初始排污权总量的确定

初始排污权控制总量扣除政府预留的储备量后，作为现有平板玻璃企业可分配初始排污权总量。

10.4.1.3 确定现有平板玻璃行业排污单位名单

现有平板玻璃行业排污单位名单原则上应包括所有2010年污染源普查动态更新平板玻璃行业排污单位，以及“十二五”期间，截至本规范实施前，未通过有偿方式获得排污权指标的新投运或已获得环境影响评价批准文件但未投入正式运行的平板玻璃行业排污单位，设区市和县（市、区）环境保护行政主管部门汇总上报，由省环境保护行政主管部门确定。

10.4.1.4 初始排污权的核定

以煤气、天然气、重油为燃料的平板玻璃企业初始排污权核定量由负责该排污单位排污许可证管理的环境保护行政主管部门根据当地分配给该单位的污染减排指标、所属行业的排污绩效、依法取得相应资质的监测机构出具的监测数据和国家、本省有关污染物排放标准核定。

主要大气污染物初始排污权的技术核算工作可由平板玻璃企业自行编制或委托第三方技术中介机构承担。

玻璃企业核定的排污权由省环保厅或设区市，辛集、定州市环保局进行公示。公示期间排污单位提出异议的，负责核定的环境保护行政主管部门应组织复审。公示期内无异议的，环境保护行政主管部门应据此核发初始排污权核定书，明确企业允许排放污染物的数量以及排放浓度限值等内容。

本次初始排污权核定后，各平板玻璃行业排污单位拥有的排污权（包括初始排污权和排污权有效期内通过交易获得的排污权）将作为下一个阶段环境保护行政主管部门对平板玻璃行业排污单位重新进行排污权核定的基数，并按河北省《平板玻璃企业主要大气污染物初始排放权绩效核定方法》规定重新进行排污权核定。初始排污权的核定权限如下：省环境保护行政主管部门负责钢铁行业中列入省发排污许可证范围内的企业的初始排污权指标的核定工作；设区市和辛集、定州市环境保护行政主管部门负责所辖市区范围内非省负责的钢铁企业的初始排污权指标的核定工作。设区市、县（市、区）对平板玻璃行业其他污染物实行总量控制的，其初始排污权核定的方法和程序，可参照本规范制定。国家对平板玻璃行业排污单位主要大气污染物初始排污权的核定另有规定的，从其规定。

10.4.2 平板玻璃行业主要大气污染物初始排污权绩效核定方法

平板玻璃企业主要大气污染物二氧化硫和氮氧化物初始排污权采用绩效方法确定。

10.4.2.1 玻璃炉窑

玻璃炉窑主要大气污染物初始排污权数量为炉窑的日熔化量（t/d）乘以排放绩效值，再乘以年生产天数（d）。计算公式为

$$M_i = CAP_i \times GPS_i \times d \times 10^{-3}$$

式中 M_i——第 i 座炉窑的主要大气污染物总量指标，t；

CAP_i——第 i 座炉窑的日熔化量，t/d；

d——年运行天数，通常取 365（冷修期除外）；

GPS_i——第 i 座炉窑允许的排放绩效值，kg/t（熔化量）。

10.4.2.2 绩效值

根据《“十二五”主要污染物总量减排核算细则》（环发〔2011〕148 号）、《平板玻璃工业大气污染物排放标准》（GB 26453—2011）和《河北省人民政府关于印发河北省钢铁水泥钢铁玻璃行业大气污染治理攻坚行动方案的通知》（冀政函〔2013〕154 号），我省平板玻璃企业二氧化硫和氮氧化物排污绩效值分类别确定，详见表 10-6 和表 10-7。

表 10-6 玻璃炉窑二氧化硫初始排污权指标核定绩效值表

生产工艺	燃料类型	规模/t·d^{-1}	绩效值（kg/t-熔化量）			
			上限	排放限值/mg·m^{-2}	下限	排放限值/mg·m^{-2}
浮法工艺	煤气	500≤日熔量≤700	2.99	700	1.71	400
		日熔量>700	2.94	700	1.68	400
	天然气	日熔量<700	2.64	700	1.35	400
		日熔量≥700	2.45	700	1.40	400
	重油	日熔量≥400	3.13	700	1.79	400
其他工艺	煤气	100≤日熔量<500	2.59	700	1.48	400
	天然气	100≤日熔量<500	2.35	700	1.35	400
	重油	100≤日熔量<400	2.71	700	1.55	400

表 10-7 玻璃炉窑氮氧化物初始排污权指标核定绩效值表

生产工艺	燃料类型	规模/t·d^{-1}	绩效值（kg/t-熔化量）			
			上限	排放限值/mg·m^{-2}	下限	排放限值/mg·m^{-2}
浮法工艺	煤气	500≤日熔量≤700	1.71	400	0.85	200
		日熔量>700	1.68	400	0.84	200
	天然气	日熔量<700	0.75	200	—	—
		日熔量≥700	0.70	200	—	—
	重油	日熔量≥400	1.79	400	0.89	200
其他工艺	煤气	100≤日熔量<500	1.48	400	0.74	200
	天然气	100≤日熔量<500	0.67	200	—	—
	重油	100≤日熔量<400	1.55	400	0.77	200

10.4.3 平板玻璃企业主要大气污染物初始排污权核算技术报告内容

初始排污权核算技术报告应实事求是，体现科学、客观、准确的原则。报告应包括以下内容。

（1）玻璃企业概况。

企业背景。企业所有与环保有关的手续及相关材料。

基本情况及项目组成。包括项目的规模、主要生产设备和公用及储运装置、平面布置、产品（包括主产品和副产品）方案、投资、建设地点等。工程内容应包括主体工程、辅助工程、公用工程、环保工程、储运工程以及依托工程等。

物耗能耗。主要原辅材料及其他物料的理化性质及其消耗量，能源消耗数量、来源及其储运方式，原料及燃料的类别、构成与成分，产品的性质、数量。

(2) 工艺流程和产污分析。

工艺流程。绘制包含产污环节的生产工艺流程图，分析各种污染物产生、排放情况，列表给出污染物的种类、性质、产生量、产生浓度、削减量、排放量、排放浓度、排放方式、排放去向及达标情况。

大气污染物产生和排放统计汇总。统计汇总正常生产条件下，大气污染物产生和排放的种类、方式、浓度和排放量。

(3) 环境保护措施及效果。

大气污染防治措施。企业生产废气采取的污染防治措施，包括工艺、去除效率以及达标情况，明确目前所采取的措施是否能做到长期稳定运行并满足相应排放标准要求。

大气污染防治投资估算。给出各项环境保护措施及投资估算一览表。

(4) 初始排污权核算。钢铁企业依据本规范核算初始排污权数量，并说明对应的核算参数。

已分配总量控制指标。给出钢铁企业主要大气污染物排放总量指标的来源，是否已得到地方有关部门的批准，是否满足区域总量控制要求和污染减排要求。

绩效核定排放量。依据河北省《钢铁企业主要大气污染物初始排污权绩效核定方法》附件 1 给出的钢铁行业各生产设施排污绩效值，核算出主要大气污染物二氧化硫和氮氧化物的排放量。

企业实际排放量。根据实际监测的废气流量及其污染物浓度，计算出企业二氧化硫和氮氧化物的实际排放量。

满足有效性认定要求的监测数据，方可用于核算废气中二氧化硫和氮氧化物的产生量和排放量。数据采用的优先顺序是自动在线监测数据、监督性监测数据、验收监测数据。

达标排放量。以钢铁行业现行的污染物排放标准中规定的主要大气污染物排放浓度标准，乘以满负荷生产条件下废气排放量核算出达标排放量。

(5) 核算结论。企业以初始排污权核算结果为主，根据上一年度主要大气污染物实际排放量、本年度生产计划，综合确定本企业初始排污权申报量。

(6) 附件。初始排污权核算技术报告中应附以下材料：法人证书和营业执照复印件；建设项目环境影响报告（报批版）及环境影响评价批复文件复印件；主要污染物排放总量指标的批复文件复印件；上一年度环境统计数据；建设项目试生产批复文件复印件；建设项目竣工环境保护验收文件复印件；建设项目竣工环境保护验收监测报告原件；自动在线监测数据和监督性监测数据复印件。

10.4.4 平板玻璃企业主要大气污染物初始排污权绩效值测算说明

在测算平板玻璃企业主要大气污染物初始排污权绩效值时，综合考虑了玻璃生产工艺（浮法、压延、平拉）、燃料类型（煤气、天然气、重油）、炉窑规模等相关因素，确定了分类别确定绩效值的总原则。

玻璃炉窑主要大气污染物排放绩效值=烟气排放强度×污染物排放浓度$\times 10^{-6}$

绩效值：炉窑单位熔化量排放的污染物质量，kg/t 熔化量。

烟气排放强度：炉窑单位熔化量产生的废气体积（标准状态），m^3/t 熔化量。

污染物排放浓度：炉窑外排烟气中二氧化硫、氮氧化物浓度（标准状态），mg/m^3。

10.4.4.1 烟气排放强度的确定

烟气排放强度指的是玻璃炉窑熔化 1t 玻璃液所排放的烟气量。炉窑烟气排放量以采用实际监测数据为主，并辅以物料衡算和理论经验值进行校核，详见表 10-8。

表 10-8 浮法玻璃炉窑烟气排放强度统计

燃料类型	熔化量/$t\cdot d^{-1}$	排气量/万立方米$\cdot h^{-1}$	烟气排放强度（标准状态）/$m^3\cdot t$ 熔化量$^{-1}$
煤气	500	9	4320
	600	10.7	4280
	700	12.3	4220
	800	14	4200
天然气	700	10.5	3600
	1000	15	3600
	1200	17	3400
	1300	18.3	3380

注：排气量指在氧含量为 8%标准状态下的烟气体积

按照分类别确定烟气排放强度的原则，进行分类、归纳计算出了平板玻璃行业烟气排放强度，详见表 10-9。

表 10-9 玻璃炉窑烟气排放强度取值

生产工艺	燃料类型	规　模/$t \cdot d^{-1}$	烟气排放强度（标准状态）/$m^3 \cdot t$ 熔化量$^{-1}$
浮法工艺	煤气	500≤日熔量≤700	4270
		日熔量>700	4200
	天然气	日熔量<700	3770
		日熔量≥700	3500
	重油	日容量≥400	4480
其他工艺	煤气	100≤日熔量<500	3700
	天然气	100≤日熔量<500	3360
	重油	100≤日容量<400	3880

10.4.4.2 污染物排放浓度

为照顾到各个企业治理设施运行实际情况，并增加企业自主选择权，污染物排放浓度分别设定上、下限值。上限浓度值按照《平板玻璃工业大气污染物排放标准》（GB 26453—2011）规定，二氧化硫取 400mg/m^3、氮氧化物取 700mg/m^3；通过对企业治污设施实际运行情况调查、统计，下限浓度值二氧化硫暂取 200mg/m^3、氮氧化物暂取 400mg/m^3。污染物排放浓度随国家排放标准和地方要求适时进行调整。

10.4.4.3 绩效值

污染物排放浓度设定上、下限值，绩效值也相应计算出上、下限值。

例：日熔化量为 800 吨的燃煤气浮法玻璃炉窑二氧化硫、氮氧化物绩效值：

二氧化硫上限绩效值 $=4200\times400\times10^{-6}=1.68$kg/t；

二氧化硫下限绩效值 $=4200\times200\times10^{-6}=0.840$kg/t；

氮氧化物上限绩效值 $=4200\times700\times10^{-6}=2.94$kg/t；

氮氧化物下限绩效值 $=4200\times400\times10^{-6}=1.68$kg/t。

10.5 河北省火电行业二氧化硫初始排污权核定方法研究

10.5.1 初始排污权分配方法比选

在实际中，运用较多的初始分配方法主要有以下几种：

（1）历史数据法。历史数据法是初始分配最简单的方法，其过程即是在政府有关部门确定了允许排污总量的基础上，各排污企业按照自身情况向上级部门申报排污量，经上级部门审核通过而确定的各排污企业的分配量。

（2）排污绩效法。排污绩效法是在国内应用范围最广的分配方法。应用于火电行业，二氧化硫排污绩效则指每单位发电量所排放的二氧化硫量。具体计算公式如下：

$$b_i = Q' \times a_i / M$$

式中 b_i——第 i 个排污企业的初始排污权分配量，t；

Q'——参与分配企业的污染控制总量，t；

a_i——第 i 个排污企业基准年发电量，kW · h；

M——参与分配企业的总发电量，kW · h。

（3）等比例削减法。等比例削减法是指根据某一区域（行业）的目标控制总量和基准年的排放总量确定出一个削减比例，利用该削减比例和各排污单位基准年的排污量计算初始排污权分配量的一种方法。

（4）层次分析法。运用层次分析法建立初始排污权的分配评价体系，主要有以下步骤：1）把二氧化硫初始分配这个目标层次化，将总目标分解为不同组成因素，形成一个多层次的分析结构模型；2）运用 1~9 标度法构造出各层次中指标之间两两比较的判断矩阵；3）通过计算判断矩阵的最大特征值及相应的特征向量，对每一层次进行单排序一致性检验和总排序一致性检验；4）确定各个指标的权重，根据这个权值来建立二氧化硫初始排污权的分配模型。

（5）平权法。本书所说的平权法是指同时兼顾实际排放量和环境容量的一种方法。该方法既考虑了区域的环境容量，又考虑了当前排污现状的平权排污量，并通过权重因子调节两者之间的相对重要性，因此该方法既保证了总量控制目标的确实可行，又与环境质量目标相一致。具体公式如下：

$$Q_i^* = \beta[\alpha \times Q_a \times d + (1 - \alpha)\overline{Q}_1]$$

式中 Q_i^*——初始排污权分；

β——总量调节系数；

α——权重因子；

Q_a——环境容量；

$\overline{Q}_1$——平权排污量。

对以上 5 种常见的排污权分配方法进行比较分析，见表 10-10。

表 10-10　几种常用分配方法的对比分析

分配方法	优　点	缺　点
历史数据法	过程简单、可操作性强	不利于调动企业治理污染的积极性，难以实现环境资源的优化配置

续表 10-10

分配方法	优　点	缺　点
排污绩效法	计算量较小，数据较易获得，体现了分配的效率性	仅考虑效率，忽视了其他影响因素
等比例削减法	过程简单，数据容易获得	忽视了企业间的差异，不能体现公平性
层次分析法	科学性和公平性好，计算结果可全面反映整个系统情况	操作相对复杂
平权法	考虑因素全面化，计算结果公平合理	一般用于区域初始排污权分配

如何在促进企业积极减排的同时，又能保证不限制落后企业的发展，是初始排污权分配面临的主要问题。目前，我国初始排污权分配多以历史数据法为主，主要是由于这种方法能在一定程度上合理反映出企业的排污水平，但只用历史数据法不能很好地调动企业减排的积极性。而层次分析法虽然计算过程比较复杂，但运用 yaahp 软件，可以有效解决这个问题。因此，在运用层次分析法的基础上，受平权法的启发，依据历史数据，得出新的分配模型。

10.5.2 初始排污权分配指标的设置

二氧化硫排污权初始分配影响因素众多，根据初始分配的总量控制、公平和效率的三项原则，在参考胥效文、王金凤等的环境评价体系模型基础上，选择了企业发展规模、企业对环境的污染和企业治污状况这 3 个重要影响因素作为准则层，每个影响因素又对应若干指标，具体评价指标体系如图 10-1 所示。

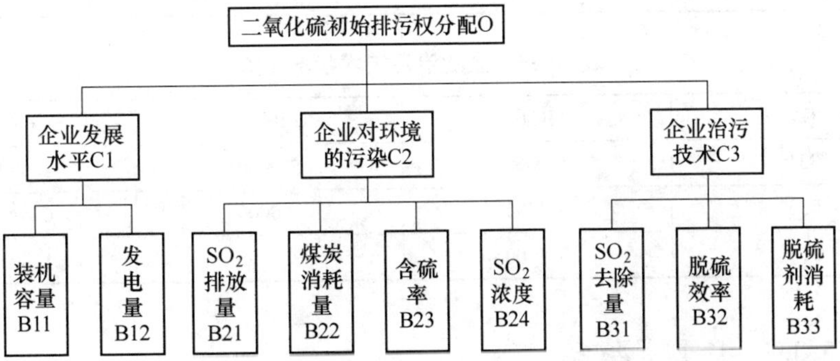

图 10-1　二氧化硫初始排污权分配评价指标体系

10.5.3 初始排污权分配模型的建立

10.5.3.1 构造判断矩阵

依据评价指标体系，通过向相关专家发放调查问卷的形式来获取指标间两两比较的数据，采用 seaty1～9 标度法来进一步分析指标间的相互关系，并以此来构建判断矩阵。本书作者邀请了 10 位专家进行评分，并将 10 位专家的结果加权平均，最终形成的判断矩阵如表 10-11 所示。判断评价结果见表 10-12～表 10-14。

表 10-11　目标层与准则层矩阵

O	C1	C2	C3
C1	1.0000	0.5323	0.5956
C2	1.8786	1.0000	1.3239
C3	1.6790	0.7553	1.0000

表 10-12　企业发展水平矩阵

C1	B11	B12
B11	1.0000	0.0036
B12	277.7778	1.0000

表 10-13　企业对环境污染状况矩阵

C2	B21	B22	B23	B24
B21	1.0000	4.0497	3.0462	2.0089
B22	0.2469	1.0000	0.3333	0.2041
B23	0.3283	3.0003	1.0000	0.5000
B24	0.4978	4.8996	2.0000	1.0000

表 10-14　企业治污技术状况矩阵

C3	B31	B32	B33
B31	1.0000	5.9000	2.0000
B32	0.1695	1.0000	0.4167
B33	0.5000	2.3998	1.0000

10.5.3.2　权重计算

计算特征向量及最大特征根的步骤如下。

对构建的矩阵每行所有元素求出几何平均值：

$$\overline{W_i} = \sqrt[n]{\prod_{j=1}^{n} b_{ij}}$$

归一化：

$$W_i = \frac{\overline{W_i}}{\sum_{i=1}^{n} \overline{W_i}}$$

计算建立的矩阵的最大特征值：

$$\lambda_{max} = \frac{1}{n}\sum_{i=1}^{n} \frac{BW_i}{W_i}$$

式中，$BW_i = B \times W_i$。

10.5.3.3 一致性检验

在计算过程中，一般都要通过一致性检验，以确保计算得出权重的合理性，一致性检验主要通过 CI 和 RI 两个指标来判断，CI 表示判断矩阵偏离一致性指标，CR 则表示判断矩阵随机一致性指标。计算公式为

$$CI = (\lambda_{max} - n)/(n - 1) \quad CR = CI/RI$$

当 CR≤0.10 时，这判断矩阵具有满意的一致性；当 CR>0.10 时，判断矩阵 B 就需要进行适当的调整，最终实现满意的一致性。RI 为平均随机一致性指标，其取值范围如表 10-15 所示。

表 10-15 RI 的取值

n	1	2	3	4	5	6	7	8	9
RI	0	0	0.58	0.09	1.12	1.24	1.32	1.41	1.45

运用 yaahp 对判断矩阵进行一致性检验，结果如表 10-16 所示。

表 10-16 评价指标体系一致性检验结果

矩阵	λ_{max}	n	CI	RI	CR	一致性检验
O-C	3.0031	3	0.0015	0.58	0.0030	通过
C1-B_{ij}	2.0000	2	0	0	0.0000	通过
C2-B_{ij}	4.1000	4	0.0333	0.09	0.0375	通过
C3-B_{ij}	3.0047	3	0.0024	0.58	0.0046	通过

10.5.3.4 结果分析

运用 yaahp 对判断矩阵进行权重计算，结果如表 10-17 所示。

从表可以看出，准则层对目标层的权重中，企业对环境的污染>企业治污技术>企业发展水平，且企业对环境污染和企业治污技术的权重值之和占到了 78.13%，因此，在初始分配排污权时，主要关注这两个准则。

表 10-17 二氧化硫初始排污权分配评价指标权重

目标层 O	准则层 C	指标层 B_{ij}			
		具体指标 B_{ij}	B_{ij}相对 C 的权重	B_{ij}相对 O 的权重	总排序
O	C1（0.4343）	B11	0.0036	0.0008	9
		B12	0.9964	0.2179	1
	C2（0.3470）	B21	0.4534	0.1969	3
		B22	0.0759	0.0330	8
		B23	0.1704	0.0740	6
		B24	0.3003	0.1304	4
	C3（0.2187）	B31	0.6063	0.2104	2
		B32	0.1103	0.0984	5
		B33	0.2834	0.0383	7

从表可以看出，指标层对目标层的权重中，发电量>SO_2 去除量>SO_2 排放量>SO_2 浓度>脱硫效率>含硫率>脱硫剂消耗>煤炭消耗量>装机容量。其中，发电量和 SO_2 去除量这 2 个指标权重占最大，均在 0.2 以上，权重和为 0.4283；SO_2 排放量、SO_2 浓度和脱硫效率的指标权重值均在 0.1 左右，权重和为 0.4257；含硫率、脱硫剂消耗、煤炭消耗量和装机容量的权重值较小，权重和为 0.1461。由上述分析可得，在初始排污权分配过程中，发电量越大的企业获得的排污权就越多，这体现了效益性的原则，而 SO_2 去除量与发电量的权重值相当，此方法也考虑到了企业治污能力的大小，这提高了企业治污的积极性，体现了公平性的原则。因此，运用层次分析法进行初始排污权分配兼顾了效率与公平。

10.5.3.5 初始分配模型的建立

（1）对于搜集到的企业数据进行归一化处理：

$$M_{ij} = \frac{m_{ij}}{\sum_{i=1}^{n} m_{ij}}$$

式中，m_{ij}为企业 i 第 j 个变量的原始数据。

（2）结合用层次分析法计算出的各个指标的权重 W_i，求出每个企业获得的初始排污权比例：

$$M_i = \sum_{i=1}^{n} W_i \times M_{ij}$$

且 $\sum_{i=1}^{n} W_i = 1$，其中，W_i 是各指标相对于目标层的权重值。由此得到分配比例公

式为

$$Q_i = M_i \times Q_0 (i = 1, 2, \cdots, n)$$

式中，Q_0 是规定的 SO_2 允许排放总量，万吨。

(3) 结合平权法和历史数据法，建立分配模型，具体公式如下：

$$Q_i^* = \beta[\alpha \times Q_i + (1 - \alpha)\overline{Q_i}]$$

式中 α——权重因子，本书定为 0.5；

Q_i——企业 i 的 SO_2 初始分配量，万吨；

$\overline{Q_i}$——企业 i 的历史排放量，可以是基准年的 SO_2 排放量，万吨；

β——总量调节因子。

依据 $\beta = \sum_{i=1}^{n} Q_i^* / \sum_{i=1}^{n} [\alpha \times Q_i + (1 - \alpha)\overline{Q_i}]$ 求解。

10.5.4 初始排污权分配模型的初步验证

10.5.4.1 数据来源及处理

排污总量目标的确定主要根据《河北省节能减排“十二五”规划》，预计 2015 年河北省工业二氧化硫排放量不超过 110.91 万吨。而参与分配企业的排污目标量占河北省工业 SO_2 排污目标量的比率按基准年这些企业 SO_2 排放量占河北省工业 SO_2 排放量的比率求得。本书把 2013 年作为基准年，2013 年河北省工业 SO_2 排放量为 116.92 万吨（数据来源于 2013 年环境统计年报），参与分配的企业 SO_2 排放总量为 2.7254 万吨。根据以上数据，可以求得 2015 年河北省 SO_2 排污总量目标为 2.5853 万吨。

本书选取河北省 12 个国控火电企业，企业名称均以简写拼音首字母作为标识。首先应对原始数据进行归一化处理，结果见表 10-18。

表 10-18 各企业原始数据归一化结果

企业	装机容量/MW	发电量/万千瓦·时	SO_2 排放量/t	煤耗量/万吨	含硫率/%	SO_2 浓度/mg·m^{-3}	SO_2 去除量/t	脱硫效率/%	脱硫剂消耗量/t
LC	0.0856	0.0884	0.0520	0.0721	0.1126	0.0295	0.1013	0.0873	0.0930
TZ	0.3330	0.3327	0.3967	0.2961	0.0713	0.1552	0.2629	0.0871	0.2413
TT	0.0780	0.0780	0.0485	0.0729	0.0582	0.0280	0.0528	0.0871	0.0485
TB	0.0325	0.0404	0.0433	0.0327	0.1735	0.0978	0.0706	0.0873	0.0648
GC	0.0856	0.0090	0.0645	0.0928	0.0657	0.0292	0.0759	0.0871	0.0696
GH	0.0780	0.0780	0.0386	0.0747	0.0750	0.0218	0.0698	0.0871	0.0641
HT	0.0780	0.0809	0.0453	0.1302	0.1370	0.0333	0.2221	0.0871	0.2039
DF	0.0031	0.0417	0.0229	0.0073	0.0563	0.0464	0.0046	0.0780	0.0050

续表 10-18

企业	装机容量/MW	发电量/万千瓦·时	SO_2 排放量/t	煤耗量/万吨	含硫率/%	SO_2 浓度/mg·m^{-3}	SO_2 去除量/t	脱硫效率/%	脱硫剂消耗量/t
XC	0.0020	0.0026	0.0024	0.0023	0.0750	0.0190	0.0020	0.0825	0.0032
TH	0.0064	0.0064	0.0091	0.0083	0.0563	0.3923	0.0049	0.0734	0.0056
QR	0.0780	0.0797	0.1267	0.0881	0.0750	0.0567	0.0693	0.0734	0.0796
QF	0.1392	0.1624	0.1499	0.1226	0.0441	0.0908	0.0638	0.0825	0.1214

10.5.4.2 计算结果及分析

A 计算结果

根据公式得出结果如表 10-19 所示。

表 10-19 原始分配模型的分配结果

项目	LC	TZ	TT	TB	GC	GH	HT	DF	XC	TH	QR	QF
所占比率/%	7.76	25.93	5.85	6.97	5	6.12	10.85	3.3	1.78	6.73	8.3	11.04
分配量/t	2006	6704	1512	1802	1293	1582	2805	853	460	1740	2146	2854

根据公式得出结果如表 10-20 所示。

表 10-20 改进分配模型的分配结果

项目	LC	TZ	TT	TB	GC	GH	HT	DF	XC	TH	QR	QF
分配量/t	1670	8541	1382	1455	1488	1284	1970	721	257	969	2730	3384

B 分析结果

从表 10-19 可以看出，TZ 企业获得的排污权数量最多，占总量的 33%，远远超过其他企业，结合表 10-20 可知 TZ 的发电量最大，其次，该企业的治污能力也较高，因此 TZ 获得最大的排污权是合理的；企业 QF、QR 获得的排污权均大于 2000，远低于企业 TZ，它们的总和占总量的 24%，结合表 10-19 可知这两个企业的发电量和治污能力都远小于企业 TZ，因此获得比 TZ 少的排污权；企业 HT、LC、GC、TB、TT、GH 获得的排污权量略小于企业 QR、QF，数量均在 1000~2000 之间，其总和占总量的 36%；企业 DF、XC、TH 获得的排污权最少，总和占总量的 7%。

基于层次分析法的分配模型综合考虑了企业各方面的特点，具有较好的科学性，但结合表 10-19 和表 10-20 可以看出其分配量相对于历史数据波动较大，这样会造成只鼓励先进企业而限制相对落后企业发展的问题。在该模型的基础上，结合平权法和历史数据法进行分配，分配结果中各企业获得排污权大小顺序没有发生变化，只是相对于历史数据波动更小一些。因此，这种改进的分配方法在实际应用中更容易被接受，可操作性更强，是一种相对合理的初始排污权分配方法。

初始分配是进行排污权交易制度的基础环节，初始分配能否兼顾公平与效率不仅能够影响到排污权交易制度的顺利进行，也影响到参与分配企业的经济发展。文章首先建立了 SO_2 初始排污权分配的评价体系，并运用层次分析法计算得出对初始分配影响权重最大的指标，分别为发电量（21.79%）、SO_2 去除量（21.04%）和 SO_2 排放量（19.69%）。其次，在该评价体系的基础上，构建了 SO_2 初始分配模型，又结合平权法和历史数据法对该模型进行了改进，并以河北省 12 个火电厂为例，运用该模型进行了分配，从分配结果来看，该模型具有一定的公平性和效率性，既可以鼓励先进企业，又不限制相对落后企业。另外，文章主要针对火电厂 SO_2 排污权初始分配建立了指标，不能应用于其他行业。因此，关于此问题，还有待在后续研究中进行完善。

11 基于 IC 卡刷卡计量的排污权数量配置技术方案研究

排污权的数量配置是环境容量资源总量测定基础上的企业环境产权确权活动，排污权配置后的使用数量即排放消耗数量的测定是企业排放的测定技术和道德风险控制活动，每一项都关系到排污权制度试点的成败。IC 卡刷卡排污控制技术为后者提供了基本保障，但这一技术的应用必须以初始排污权的数量配置为基础，才能使得 IC 卡有的可刷，有的可控。排污权使用数量跟踪监测是智能 IC 卡技术介入排污权制度的基本诉求。

排污权使用数量跟踪监测和排污权流通情况跟踪监测是排污权交易制度中两个成本消耗比较多，工作量比较大的关键性环节。这两个工作密切联系，相互影响，所监测数据共用性也非常强。

排污权使用数量跟踪监测就是时时将企业排污权账户上的有效排污权数量与实际排污量进行比对，及时冲销消耗掉的排污权，在排污权存量低于一定数量时发出预警，防止企业超排污权排放，保证总量控制目标的实现。排污权账户上的有效排污权数量由初始分配和流通交易产生，这些内容安排在上一部分和下一章，而且相对于实际排污量的测定而言，也比较容易获得一些。下面我们重点说明企业实际排污量的测定问题，这是排污权使用数量跟踪监测工作的难点与核心。

11.1 排污权数量配置后的使用跟踪监测一般方法

一般来说，不同污染物的排放数量有不同的测定方法，就目前国内外率先使用排污权交易制度的二氧化硫大气污染物而言，可以采用监测仪器直接测定法和物料衡算或排污系数法两种方法，这两种方法的原理对其他污染物的排放测定也具有指导意义。根据监测仪器的不同，监测仪器直接测定法有连续自动排放监测和抽样定时排放监测推算两种具体做法，物料衡算或排污系数法包括根据万元产值或单位产品或单位热量 SO_2 的排放量来计算排污量，如根据燃煤设备的耗煤量、煤炭含硫量、燃烧类型、燃煤设备的脱硫效率等综合计算 SO_2 的排放量。物料衡算（质量平衡估算）法是当前应用较多的方法，连续自动排放监测法是最具有准确性和发展前途的方法。

11.1.1 物料衡算法

物料衡算方法也称为质量平衡法，即通过平衡投入和产出的质量，计算相关污染物的排放量。这一方法适用于与燃料直接关联的燃烧排放（如 SO_2 或 CO_2），也同样适用于不与燃料直接关联的燃烧排放，如水泥生产。对于燃烧排放来说，排放总量通过燃料燃烧的总质量和其中的硫含量计算而得，此方法的假设前提是燃料中的污染物全部转化为大气污染物。例如，一锅炉一天燃烧掉 100t 煤，煤中硫的平均含量为 1%，则假定有 1t 硫排放出来。利用简单的化学等式，就会得出排放到大气中的 SO_2 为 2t。

如果再增加一个条件，还可以计算出保存在灰分中没有从烟囱中释放出来的污染物数量，由此使此方法得到进一步提炼。计算该数量时，先取样燃灰，然后进行称量，再对灰分样品中的含硫量进行化学分析。假设以 SO_2 形式排出的硫量就是进炉煤中的硫量减去出炉灰中的硫量之差。

如果采用了后燃烧控制装置，质量平衡法就不再适用。因为，这些装置不同的使用方法可能会导致除去不同数量的污染物。该方法对于辨认燃烧或后燃烧处理是否影响污染物的增减也很重要，虽然这并不是它的主要用途。例如，石灰岩洗涤器生成的伴随气体之一是二氧化碳。只针对于燃料生成的二氧化碳的质量平衡法，不计算石灰岩洗涤器或吸附（如液化床锅炉）额外排出的二氧化碳量。

通常，使用质量平衡法计算燃油和燃气要比计算燃煤更经济、精确度更高，其原因为：（1）测量油气燃料体积的流量表（通常已安装）的成本远低于精确性相当高的燃煤测量仪器；（2）收集气体或液体燃料的代表性样品以供验样和分析的过程相对简单，而且充分混合的液体或气体燃料要比像煤之类的多种混合固体燃料更具代表性。使用质量平衡法能够精确地估算出油气燃料燃烧时排出的 SO_2，该费用只是连续排放监测系统的一小部分。但是如果使用质量平衡法获得燃煤排放量的精确测量数据，其成本与连续排放监测系统的成本相差无几，对于 SO_2 的排放尤其如此，因为含硫量的差异会提高取样成本。此外，称量煤所用的带秤成本十分昂贵，因此，如果必须使用质量平衡法对煤燃烧进行频繁的排放测量，就会产生很大的开支。

11.1.1.1 煤的质量平衡测算

使用哪种方法来确定煤的质量，这取决于多方面的因素，这些因素包括目前可用于确定煤质量的基础设施，因为添置新设备的成本与使用连续排放监测系统的成本相当甚至更多。确定煤的质量，最精确的方法是在给料机向锅炉（或其他燃烧装置）填料时使用精确的带秤或类似的称重仪器测量煤的重量。带秤以及类似的技术与连续排放监测系统的成本相当。

如果使用煤质量估算程序，则不同的工厂需要使用不同的协议。例如，有些工厂可能采用上面提到的配有带秤的计重给料机；另一些则根据加料斗每星期盛料的次数以及每次盛料的质量来确定煤的质量（这种方法比第一种精确度低）；还有一些工厂则是通过火车运输煤料，这样就只能用火车数乘以每辆火车盛装的煤的平均质量估算煤的质量（此方法精确度更差一些）。如前所述，这些协议应根据参与项目单位具体情况选取合适的一种。此外，测量方法还要避免不同方案产生的悬殊差异，也就是说最初提及的一致性标准问题。

为了减少由于不同煤质量估算协议产生的差异，应依照独立标准参考方法的结果，对这些方案进行经常性的核查。这种定期核查可以保证每种不同的方法产生相似的煤质量估算值。为保证公平性，要求在每个设备上都采用这些参考方法，以提高数据的一致性。

确定了燃煤总质量以后，煤的排污量质量平衡测算方法还要求必须获得煤的含硫量。煤的含硫量确定有一个关键的先决条件，即从煤实际燃烧过程中获取典型位置的样本。确定采样位置有多种方法。按其精确性依次有以下几种基本方法：(1) 当煤进入锅炉时，采集在装置中实际燃烧的煤称之为“燃烧”过程采样，这是确定煤含硫量的最精确方法。(2) 从运输煤料或样品料堆中提取样品，这种方法测出煤的含硫量精确性较低。(3) 从专门的煤矿中提取煤样品以确定煤的含硫量。(4) 使用一般煤的含硫量数据，这是精确度最低的一种方法。对于任何一种方法，均应采用成熟的统计方法，以保证样煤的典型性。采样之后，应使用国际上认可的化学分析方法确定硫在煤中的比例。许多标准组织现已制定了如何确定样煤硫含量的参考方法，例如国际标准化组织（International Standard Organization）推荐的方法。

11.1.1.2 油气质量平衡测算

与燃煤一样，用质量平衡法测算燃油或燃气的污染物排放量也需要确定油气数量和含硫量两个步骤。对于油和气来说，燃料数量使用燃料流量表就能够简单地测出。不同类型的油气适用于几种不同类型的燃料流量表。大部分情况下，要对这些流量表定期进行校准以保证结果的准确性。对于没有燃料流量表的装置，应选择其他方法测量燃料储罐，其精确性虽然低，但可以满足测量要求。为了精确评估燃油装置的 SO_2 排放量，应对燃烧着的油先取样进行分析，以确定油的下列属性：硫的重量百分比、总热值（GCV），必要时确定其比重。如果采用燃料流量表测量体积，则需要估算比重。对于燃烧含硫量低、稳定性高的“脱硫”天然气，可用默认的含硫量值而不用再取样计算。还可使用默认的总热值的保守值，或者每月进行取样测定总热值。对于稳定性差、含硫量高的气体燃料，最好使用燃料取样测定硫/碳含量和总热值；取样测量的周期取决于燃料的稳定性和燃料的性质。对油气燃料的抽样和分析，须遵循ISO规定的标准程序进行。

11.1.2 排放监测法

排放检测法分为连续自动监测和检查监督性监测，很显然，检查监督性监测无论是环保行政机关实施还是第三方或者企业自行实施，都具有明显的“抽查”属性，在时间上不能全覆盖，为道德风险和违法排放留了比较多的空子可钻。所以，推荐使用连续自动监测。

实践证明，连续排放监测系统是确定固定排放源排放污染物（如SO_2、NO_x和CO_2）精确度极高的烟囱内监测方法。该系统可连续不断地进行监测，能够及时、精确、可靠地提供实际排放物的监测值。这种方法要求在燃烧装置的烟囱上安装专门用于污染物浓度监视器和体积流量监控器，例如在烟囱上安装一个取样器，将样品输送给分析器。为保证操作的连续性，电脑自动记录并存储测量仪器上的读数，这样可以最大限度地减少人工读取的错误，提高数据采集和存储的效率。为了实现这一操作，浓度和流量监控器均应连接到数据采集与处理系统上，该系统连续（至少每15分钟一次）自动采集浓度和流量的原始数据。之后，由数据采集与处理系统进行计算，从而得出指定时间内被测污染物的排放总量，即排气烟囱在指定的小时、天或星期内所排出的污染物数量。

连续排放监测系统的正确实施是该方法获得成功的一个关键。连续排放监测系统如果要获得最具代表性的采样，首先要将取样器放置在烟囱内的正确位置。取样器的位置必须与烟囱上游障碍物和下游出口保持一定的距离，在排气流最佳点固定仪器，既要避免靠烟囱壁太近又不能将其放在“死点”上。这样才可保证安装好的监测系统能够获得具有代表性的采样，应使用一套独立的检测方法对其进行试验，这一点至关重要。系统和取样器所在的排烟烟囱内是一种极端环境：高温、有腐蚀性气体，因此，正确的设计以及经常维护、校准并检测连续排放监测系统，对于保证系统的精确性来说非常重要。

使用连续排放监测系统时，必须在每个烟囱中安装设备，须执行必要的维护和质保（质量控制）程序，而且还要采用独立检测法进行检测，检测时需要在烟囱外安放一个平台，为了使检测人员登上平台，通常还需添置一台升降器，这些要求可能会为监测系统的安装带来昂贵的成本。但是，相对于其他方法而言，这一成本远远低于通过实施排污权交易方案而节省出来费用。并且，就这种方法所获得的排放数据结果的精确性和可靠性而言也是值得的。对于以下几种情况，连续排放监测系统发挥的作用尤为重要：测量与燃料（如NO_x）无直接联系的排放；在需要进行连续，精确的测量以避免偶发问题出现；测量稳定性低的燃料燃烧所排放的污染物，尤其当频繁取样比较困难或不精确时（如固体燃料、废料、煤）；测量已经应用了后燃烧排放控制的排放，等等。

连续排放监测系统对于使用后燃烧控制技术（例如，湿式烟气脱硫系统、SO_2 洗涤器、NO_x 选择催化减排技术、二氧化碳捕获装置）获得精确排放值是十分必要的方法，因为只有通过在排放控制技术安装点之后直接测量，才能证实减排量。由于控制设备的性能可能会有所变化，所以由控制设备估算的减排量并不一定精确。

进行准确的连续排放监测对排污权交易系统至关重要，它是使人们对排污权的价值确立较高的信任度，愿意把它当作商品进行交易的基础。排放监测方法越精确、越完善，与配额相关的风险和不确定性就越低，从而交易市场的效率就越高。根据美国 SO_2 排污权交易计划，每一个机组必须连续测量和记录 SO_2、NO_x 和 CO_2 的排放情况以及烟囱流量和灰度。燃煤锅炉必须使用连续排放监测系统（CEM），一些燃油或燃气锅炉可以例外。对设备初始监测审核程序、定期质量保证和质量控制程序、记录保管和申报程序以及数据缺损期数据补报的程序，都有明确规定。在可能的情况下，对高质量的监测给予一定的奖励。例如，机组必须定期对其连续排放监测系统进行相对精度测试，这需要公司投入资金。连续排放监测系统越精确，要求测试的次数就越少。值得注意的是，仅仅要求有最精密的监测器还不足以确保交易系统的有效性，正确合理地实施这一系统才是关键，即监测方案不仅要标准化、适用于项目参与者，而且还要对设备的安装和操作进行现场检验。

11.2 排污权数量使用跟踪监测的要求和具体情况

企业排污量跟踪测定是当代环境管理的一项重要工作，对排污权交易方案的实施尤为重要，是排污权试点过程中遇到的关键性难题，排污权消耗数量测定除了技术的问题，也存在大量的道德风险问题，尤其是道德风险问题，既存在环境管理部门的权力寻租，也存在企业偷排漏排和排放数据造假问题。2015 年 6 月～11 月，环保部组织各级环保部门对污染源自动监控运行情况进行监督检查，发现 2658 家企业污染源自动监控设施存在不正常运行、超标排放等问题。2015 年 3 月全国人大环境与资源保护委员会副主任委员袁驷说："偷排偷放不是一个小比例，是一个大比例"。在环保部门公布的偷排漏排数据作假的企业中，华润、中电投、中石油、大唐、神华、华电、中石化等大型央企子公司也都赫然在列。偷排偷放，环保数据失真，造成包括排污权制度在内的环保措施失去了针对性，排污权初始数量配置的信度遭到质疑，排污权后续使用消耗数据认定的真实性准确性也遭到质疑，严重影响排污权制度的威信及其发展。

11.2.1 排污量跟踪测定工作的基本技术性要求

排污量跟踪监测工作是一套全面的排放数据测定、收集、审查和维护系统性工作。数据量非常庞大，靠手工来做是不可想象的，所以，应当要求所有的环境管理机构和污染源安装相应电子化装置。具体来说，应包含以下技术性要求：

（1）网络系统。网络技术是快速沟通环境行政机构、污染源、交易市场及其他相关部门的基础要求，是企业排污量数据等信息传递及跟踪的基本条件，应本着标准化、先进性、成熟性和安全性等原则建设和完善排污权网络系统。

（2）硬件设备及管理信息系统。网络、管理设备的选取至关重要。应当综合考虑设备的处理事务能力和速度、可靠性、技术先进性、开放性和易于升级、扩展。管理信息系统的设备包括微机工作站、服务器和网络产品三部分。配备微机是各级环境管理部门和参加交易的企业的最基本要求。

（3）监测设备。参加企业应具备连续监测系统，包括排放的污染物浓度监测器、流量计、黑度计、计算机数据采集与处理系统等等。

（4）排放跟踪软件。排污交易要求参加单位必须具备连续监测系统，安装在线式连续监测计量装置，并进行长期监测。所以排污跟踪是对监测装置运行情况和排放数据的跟踪，包括监测数据的处理和核定以及连续监测系统的运行、检验和测试。这一系列工作要求使用专门的计算机软件进行规范操作。

在美国，要求 SO_2 和 NO_x 排污权交易项目中使用小时为单位，因此美国选择了连续排放监测系统。在此基础上，美国建立了发达的排污跟踪监测系统，做为排污权交易信息管理系统的重要组成部分。这一系统可以测定、接收、管理排污数量信息，并进行记录、存储、发布等多种功能。

11.2.2 我国排污量跟踪监测的现状及发展

连续排放监测系统是确定二氧化硫排放量最准确的方法，美国优先选择这一方法。但中国的二氧化硫排放源数量巨大，安装这些设备的经济能力和操作、维护这些设备的技术能力有限，对中国来说，短期内在所有大型排放源安装连续排放监测系统并非易事。事实情况是，由于长期以来对 SO_2 的控制缺乏具体的配套措施，我国 SO_2 排放监测工作相对滞后，多数企业缺乏监测设备，环境保护部门的监测能力有限，也很难真正实施对 SO_2 污染源的排放监测。物料平衡排放估算法还是我国排污量跟踪监测的主要方法。

当然，我国也积极进行了连续排放监测装置的安准运行工作，并已取得了定成效，建立了基础性的连续排放监测系统，并开始逐步形成相应的污染源信息管理系统。按照国家和环保部的规定，火电厂比较好普遍的安装了 SO_2 和 NO_x 连续自动在线监测系统，其他大气污染主要行业企业正在安装推进中，涉水企业以造纸、化工、制药为主，也正在推进在线监测系统的安装使用。但由于排污企业众多，据河北省环保内部数据，河北省纳入环保监管的排污企业大约 8 万家，经环保督察排查发现还存在“小散乱污”企业约 7 万家，但目前安装在线监测的企业尚在四位数数量级，连续在线只能借助“二八定律”控制主要行业的大型排污企业。但是，我国环保政策和相应标准还不能与连续排放监测系统（CEM）相匹配，缺乏相应的CEM应用规范。已安装CEM系统的火电厂，也有相当数量不能正常运行，有的因为系统随电厂主机引进，不能满足中国的标准要求，还有的是因为仪器需要经常更换部件，售后服务又跟不上，安装运行的管理维护也存在较多的问题。由于安装CEM系统的企业数量总体偏少，这些系统难以形成有效网络，监测数据的应用也受到了比较多的影响。在排污跟踪监测的信息管理系统建设方面，环境管理机构和排污源的硬件设备和软件开发也都需要进一步加强。尤其一些应用软件，多是在传统监测方法的基础上开发的，数据为人工处理，与连续自动监测装置不能匹配使用，所以需要开发完善，并应注意考虑与排污权流通交易带来的配额跟踪系统的衔接匹配。随着排污管理的加强和排污交易制度实施，CEM的安装、管理和整个跟踪监测系统必然会有很大的进步。

新排放源和安装了控制装置的排放源使用连续排放监测系统，参与排污权管理计划的其他排放源可以在短期内继续使用物料平衡法。这两者结合起来，是我国更多的排放源能够安装和操作连续排放监测系统之前可行的过渡方案。

我国当前CEM应用水平虽然还比较低，但为大面积推广积累了技术上的经验。连续监测数据已经开始作为排污申报、排污收费、排污许可证、排污交易和排放总量控制的依据，同时也可作为企业内部管理、改善生产状况和提高经济效益的依据，还进入了环保管理部门的数据库，用于进行环境质量预测预报。尤其借助发展迅速的智能IC卡排污监控系统，可以期待，在未来几年内，我国CEM应用面和应用水平必然会有突飞猛进的发展，排放监测的信息管理系统会得到普及应用，电子报表、网络传输、自动达标判别等功能会逐步显示出其先进性，排污权的排放跟踪监测与流转跟踪监测两大系统会协调工作，为排污权的初级市场和流通市场的健康发展，同时也是为可持续发展战略的实现奠定坚实的基础。

11.3 排污权相关智能IC卡技术研究进展

排污权相关智能IC卡技术最早开始于浙江，当时，在测算和收取企业排污费过程中，联想到能否像水卡、电卡一样快捷方便。这种思路与排污权试点工作相结合，于是就产生了以排污权市场化环境管理为指导，以实时监测自动计量为技术依托，以总量控制限值报警为自动管理目标，辅以自动执法控制为手段的一整套环保自动控制模式。

目前，该模式已经在多个地区试点进行，浙江、江苏两省的系统研发和使用走在前列。本书作者到江苏天一集团进行了考察参观，到智能IC卡应用企业进行了考察学习，发现该技术已经达到了实用要求并呈现较快的发展态势。

11.3.1 排污权相关智能 IC 卡技术当前的主要优势特点

排污权相关智能 IC 卡技术当前的主要优势特点如下。

(1) 机柜控制系统操作高度、模式，按键和现实便于操作掌控。

(2) 整体硬件系统达到当前最新科技水平。使用工业级工控机进行数据管理，主控电路采用定制芯片，运算速度快，性能稳定。

(3) 增加参数设置与阀门远程控制。

报警临界值设置：系统设置各企业报警信息发送号码、报警限值、基准控制阈值，当达到报警限制时系统自动发送短信到设置报警信息发送号码，当达到基准控制阈值时自动关阀。

1) 远程阀门控制：对各企业的阀门进行阀门控制及提取阀门状态信息，阀门状态按照开或关进行控制。

2) 超量关阀功能：以核定发放的排污权许可证允许量为基准控制阈值，按月平均值划分。到大约排放核定值 100%，系统红色报警，三次短信提醒至相关部门和人员，系统自动管阀。

3) 超标关阀功能：以核定污染物排放标准为基准控制阈值。到达浓度核定值 110%，系统红色报警，三次短信提醒至相关部门和人员，系统自动管阀。

4) 远程增量开阀：可远程为企业充值，并将充值数额写入充值结果中，充值成功后如果阀门为关闭状态的则打开阀门，主要包含的信息有污染源、排放口、执行事项、总量控制序号、充值（t）、处理状态、处理结果、执行日期等。可以为选定的污染源、排放口执行远程充值操作；可以根据污染源、排放口查询操作记录。

(4) 由 C/S 框架升级为 B/S 框架。B/S 框架的访问模式，使人机交互更友好，用户浏览更方便，权限控制更安全。对于分布式应用，系统安装、修改和维护全在服务器端解决；用户在使用系统时，仅仅需要一个浏览器就可运行全部的模块，真正达到了“零客户端”的功能。B/S 系统很容易在运行时自动升级，对于戴星系统在部署、更新方面的优势尤为明显、B/S 体系结构是提供了异种机、异种网、异种应用服务额联机、联网、统一服务的最现实的开放性基础，通过 Web Service 技术可方便集成其他系统，并实现 SOA。

(5) 由末端管理变过程管理。原有管理模式注重末端效应，当污染发生后在能有相应的应对策略，属于事后响应，只有当污染发生后环保人员才能知道。而过程监控可以根据设备的原始设计参数，监控企业治污设备的实时运行情况，及时提醒用户设备的运行情况，当发生治污过程中的设备参数超标时及时通知用户，用户可以在污染未发生前及时通过工艺调整减少污染的产生。

(6) 实时数据库+关系数据库的组合模式。

1）数据库系统架构更稳健，能承载几十万以上实时数据的读写。实时数据库1s可读写1万至几十万读写请求，加快了工况的实时刷新频率，使过程监控更精准。

2）基于实时数据库独有的数据压缩机制，极大地减少了磁盘空间占用，延长了用户可以查询的数据时间段。

（7）优化通讯功能，针对现场干扰强，容易产生数据掉线、数据缺失情况，在自研发的通讯软件基础上，进行了数据加密，同时进行掉电提示和数据自动回补的功能。

（8）提升设备安全性，为了防止数据在传输过程中被截取，污染源IC卡总量控制采用RSA国家加密算法进行数据加密，保证数据链路安全、完整。同时对卡内数据写保护，设置密码，防止非法用户的破解。

（9）在数据报表方面引入High Chart控件，在增加报表页面美观度的同时，使报表的查询更加智能化，可以根据用户的要求自定义查询条件及查询结果。

11.3.2 排污权相关智能IC卡可以解决的关键技术

通过智能IC卡污染物排放数量计量控制系统，可以有力地配合排污权交易制度对排放情况进行实时监测、计量和控制。依据过程监控判定污染物排放数据的合理性、真实性和可接受性，对排污单位的排放量“说得清”。相比其他单纯的污染物排放监测系统，智能IC卡污染物排放数量计量控制系统具有以下技术特点：

（1）梳理技术流程，重新设计架构，明确各业务层功能，进行架构升级。系统整体架构从逻辑上描述了其基础依赖关系。系统包括：

1）基础层。基础层是为整个系统运行提供硬件基础，主要包括操作系统、网络、存储、主机等硬件平台。

2）数据层。以Oracle大型网络数据库为核心，作为全局的数据提供者，整合所有业务数据库，建立数据业务模型，所有的新业务系统将基于数据中心构建。

3）应用支撑层。以NET三层架构作为业务技术支撑平台，提供工作流引擎、报表引擎、消息引擎、数据访问、XML、目录服务、单点登录等基础功能组件。提供强大二次开发定制能力。

4）核心业务层。包括所有的业务应用系统，完成大部分的业务逻辑处理。同时还包括了整个网站的后台管理，负责处理信息公开内容审核、发布等。

5）接入层。主要是最终用户使用者，包括系统管理员、社会公众人员等。

（2）利用ASP.NET技术，实现由C/S转变为B/S。系统采用ASP.NET技术，构建N层机构，具有良好的灵活性和可扩展性，由于中间业务逻辑层包含了大量的供客户端程序调用的业务逻辑规则，所以可使其随具体业务的变化而改变，在客户层的数据服务层所做的改动较小，适合于快速开发，并且方便功能的定制。

增强了企业对象的重复可用性，“企业对象”是指封装了企业逻辑程序代码，能够执行特定功能的对象。三层模式成为真正意义上的“瘦客户端”，从而具备了很高的稳定性、延展性和执行效率，且由于服务在统一管理，服务统一于客户端，从而具备了良好的容错能力和负载平衡的能力。系统的安全性得以提高。他可以对每个业务功能组件进行授权，可以限制非法访问。

(3) 优化通讯功能。根据不同数据（宝座在线监测数据、现场数据）的特点和数据共享应用的需要，结合《HJ-212 传输标准》，设计了更加严密的数据传输、补传模型。

整合内容包括：

1）实时监测数据，同步频率为 1min 1 次。

2）历史监测数据，同步频率为 1h 1 次。

通讯应答模式简单描述为，完整的命令由请求方发起，响应方应答组成，具体步骤如下：

1）请求方发送请求命令给响应方。

2）响应方接到请求命令后应答，请求方收到应答后认为连接建立。

3）响应方执行请求的操作。

4）响应方通知请求方请求执行完毕，没有应答按超时处理。

5）命令完成。

超时发送机制描述：

1）请求回应的超时。一个请求命令发出后在规定时间内未收到回应的，认为超时。超时后重发，重发规定次数后仍未收到回应认为通讯不可用，通讯结束。超时时间根据具体的通讯方式和任务性质可自定义。超时重发次数根据具体的通讯方式和任务性质可自定义。

2）执行超时。请求方在收到请求回应（或一个分包）后规定时间内未收到返回数据或命令执行结果，认为超时，命令执行失败，结束。

11.3.3 排污权相关智能 IC 卡比一般监测的功能优势

与一般监测系统相比，排污权相关智能 IC 卡技术可靠，连接端口齐全，可以与当前河北省的排污权系统、在线监测系统、远程执法系统等系统对接。在技术上，可以实现以下功能。

(1) 自行开发通信中间件。TYInfSeries 是一个通信中间件，专门负责在各种平台间传送数据，保证数据在不稳定的数据线路上传送时不会丢失或重复，其简洁的编程接口能大大简化系统开发人员的工作量，提高开发质量。

TYInfSeries 为应用程序提供一种跨越网络通讯的特殊机制，参与通讯的应用程序之间不需要建立私有的、专用的逻辑连接，他们只需要把数据组成消息，放入消息队列中，接收方从消息队列中取出消息，达到通信的目的。

利用 TYInfSeries 传送数据的系统在系统设计和应用开发上有以下优点：

1）断点自动恢复。TYInfSeries 这一特性能保证在网路中断并恢复之后，数据被可靠地从断点恢复传送，而无需程序员考虑网络特性。

2）保证每条数据不丢失，不重复由于采用了先进的程序设计思想，TYInfSeries 的消息会先放入内存中暂时存放，直至完整传送为止。TYInfSeries 是可保证信息一次性传输的中介软件。在当前数据传输线路条件普遍较差的现状下，这一点对要求高度数据完整性的系统来说至关重要。

3）多协议并存。TYInfSeries 提供给开发人员的编程接口与具体的网络协议无关，网络底层不同类型的传输协议对应用开发是透明的，基于不用种协议的应用程序间的通讯在 TYInfSeries 上已成为现实。相比网关技术它有无与伦比的优越性，可以大大节省应用开发人员的开发工作量。

4）异步并行处理。TYInfSeries 不仅支持传统的同步的实时响应的程序间通讯，更支持异步的、并行的工作方式。当一个应用程序用 PUT 将一个信息传送给其他的应用程序，他不需等待另一个应用程序的回答，甚至不关心信息是否被对方接收，继续执行 PUT 之后的命令。

5）实时响应，高速传输。TYInfSeries 提供了保持链接的通讯方式，使每条消息的传送不需重新建立新的通讯链接，保证实时响应效率。

6）TYInfSeries 的安全性保证。公网数据很容易受到攻击和侦听，有必要采用可靠的安全机制保护机密数据的传输。

TYInfSeries 开放的接口支持各种用户开发的加密系统，从而保护在公共数据网络上传输的数据。

如果要更进一步地实现在互联网上的更强大的安全控制，TYInfSeries 可以利用工业标准的 DCE（分布式计算环境）提供的认证和加密服务。

（2）阀门断电保护。IC 卡监控终端受到远程服务器发送的开阀指令后，首先判断当前阀门状态，如果阀门是开启状态则直接打开泵，并回送阀门已经开启指令，如果是关闭状态，则控制继电器开阀门，并根据阀门的状态信号来判断阀门是否开启到位，如果 60s 内（以 60s 为例）检测到阀门的开启信号则控制开泵，并回送服务器开发成功，否则回送服务器开阀失败。

IC 卡终端收到远程服务器发送的关阀指令后，首先判断当前阀门状态，如果阀门是关闭状态则返回关阀成功指令。如果阀门是打开状态则先控制关泵，然后控制关阀，当在 60s 内（以 60s 为例）判断到阀门关闭状态信号后，则回送服务器关阀成功指令。否则回送关阀失败指令。

(3) 静态 HTML 页生成。在开发模式下，系统后台支持生成系统模板及其子类的静态页面，支持定时/自动生成功能，提升开发效率。

能生成 HTML 页以提高系统的访问性能。支持多种编码，支持简繁体转换等功能。从而满足 200 个用户进行开发登录，登录成功率 99.5%以上，平均响应时间小于 1s。

11.3.4 智能 IC 卡对排污权数量监控及环保工作的重要意义

智能 IC 卡污染物总量控制与排污权交易系统体系在符合各部门实际工作环境的基础上最大限度地满足各部门管理业务的需要，给现有工作带来切实的帮助，解决管理工作中面临的具体难题。同时，平台具备良好的人机接口与灵活多样的展现方式，实现用户可接受的查询效率与相应时间，通过搭建良好的人机界面，以及尽量贴近常用软件的操作方式使平台易学、实用。平台具备较高的技术先进性，立足于顶层设计，充分考虑新兴技术和架构方法。

智能 IC 卡污染物总量控制与排污权交易系统体系的建立可以使环保人员利用一个系统平台掌控整个管辖企业环保系统的运行情况，并通过该系统实现对排污企业的在线处理；通过集成的 SCADA、CIS、ICS 等功能，使得管理人员可以清洗、明确、快速地了解企业的减排效果；实现环保日常生产管理的信息化，包括排污企业台账、远程查询控制、各类报表等；对环保数据进行深入的收集、统计、汇总和分析，并构建数据分析模型挖掘有效数据，为领导决策提供准确、可靠、直观的技术依据。

平台通过应用多项现代信息安全技术和安全保障体系，保证平台的网络安全、应用系统安全和数据安全系统在实现过程中通过提供系统备份、数据恢复、事故监控和网络安全保密技术措施，使平台具备较强的控制手段，形成完善的安全管理机制。同时通过用户认证、权限认证、传输加密等安全保障机制，防止数据受到破坏。项目将 IC 卡技术应用到“智能 IC 卡污染物总量控制与排污权交易系统”中，利用“污染排放工况实时监控”进行总量审计，为我国污染源排放权交易管理提供现代化的科技管理手段，从而实现真正意义的总量控制与排污权交易。

一套科学合理的“智能 IC 卡污染物总量控制与排污权交易系统”建设有助于环境管理部门根据环境质量目标，通过建立合法的污染物排放权，运用各种分配方式和市场交易机制，使排污企业取得与其排放量相当的排污权，促使企业把被动治理变为主动治理。

参 考 文 献

[1] 中国环境监测总站 . 74 个城市空气质量状况月报 . 2013，1-2014，3.

[2] 石家庄新闻：石家庄市大气污染源解析结果公布大气污染元凶现行 . http：//www. 2300sjz. com/news/sz/2014/08/2014-08-29190420. html.

[3] 关于政府向社会力量购买服务的指导意见［国办发〔2013〕96 号］.

[4]《关于做好政府购买环境公共服务的指导意见》草稿（环保部资料）.

[5] 王硕 . $PM_{2.5}$是北京近八成污染天元凶，年均浓度超国标 1. 5 倍［N］. 京华时报. http：//www. qianlong. com/20140103.

[6] 张航 . 北京市环保局最新发布：$PM_{2.5}$最高过半来自京外［N］. 北京晚报，2014-04-17.

[7] 李志勇 . 增强试点意识，注重创新探索，扎实推进排污权有偿使用和交易工作［R］. 全国水污染物排污权有偿使用与交易技术交流研讨会资料，2012. 12

[8] 中共中央关于全面深化改革若干重大问题的决定，2013 年 11 月 12 日中共第十八届三次全会通过.

[9] 国务院关于促进市场公平竞争维护市场正常秩序的若干意见［国发〔2014〕20 号］.

[10] 李艳丽 . 节能减排社会经济制度研究［M］. 北京：冶金工业出版社，2010.

[11] 李利军 . 排污权交易市场建设问题研究［M］. 石家庄：河北人民出版社，2005.

[12] 张天柱 . 排污权交易及其实践与思考［J］. 可持续发展之路（排污权交易专刊），2012（12）：22-23.

[13] 李利军 . 成本倒逼　利益引导——合理运用排污权制度消解经济与环境的矛盾［J］. 石家庄铁道大学学报（社科版），2013，3.

[14] 王金南 . 关于排污权有偿使用和交易的若干问题的思考［J］. 可持续发展之路（排污权交易专刊），2012（12）：20-21.

[15] 李利军 . 基于跨区排污权交易平台的京津冀大气污染联防联控问题研究［M］//葛察忠，董战峰 . 环境经济研究进展（第九卷）. 北京：中国环境科学出版社，2015：248-254.

[16] 李利军 . 合理设置排污权期限，放开环境调控的手脚［J］. 环境经济，2014，4：19-24.

[17] 李利军 . 生态产品解张承地区生态与脱贫矛盾难题［J］. 环境经济，2013，9：42-45.

[18] 新华社 . 为探索完善城市群布局提供样板［N］. 海南日报，2014-02-28（1）.

[19] 新华网 . 政治局会议审议通过《京津冀协同发展规划纲要》. http：//news. xinhuanet. com/fortune/2015-04/30/c_ 1115147507. htm. 2015-04/30.

[20] 萧达 . 世界媒体隔着雾霾看中国聚焦经济艰难转型 . 搜狐新闻 . http：//news. sohu. com/20151202/n429187082. shtml. 2015-12-02.

[21] 毕明 . 京津冀城市群资源环境承载力评价研究［D］. 北京：中国地质大学，2011.

[22] 赵颖彦 . 北京冬季静稳天气较近十年偏多 5 成致雾霾频发 . 新浪新闻 . http：//news. sina. com. cn/c/nd/2016-01-12/doc-ifxnkkuv4442889. shtml.

[23] Pearce D，et al. Economics of natural resources and the environment［M］. New York：Harvester Wheatsheaf，1990.

[24] Grossman G, Krueger A. Economic growth and the environment [J]. Quanerly Joumal of Economic, 1995 (110): 353-377.

[25] Bemensr P. Bchara A K, Gawande K, et al. Testing the inverted-U hypothesis for US hazardous waste an application of the generalized gamma model [J]. Economics Letters, 1997 (55): 435-440.

[26] 刘耀彬，李仁东，张守忠．城市化与生态环境协调标准及其评价模型研究 [J]. 中国软科学，2005 (5): 140-148.

[27] 刘姝宇，徐雷．德国居住区规划针对城市气候问题的应对策略 [J]. 建筑学报，2010 (8): 20-23.

[28] 新华社．北京吹走的雾霾会否会殃及周边，三问北京打造五条城市通风廊道 [N]. 燕赵晚报，2016-02-24 (B02).

[29] 任超，吴恩融，卢茨·卡施纳．城市环境气候信息在德国城市规划中的应用及其启示 [J]. 国际城市规划，2013，28 (4): 91-99.

[30] 河北对接京津冀规划敲定：环首都 15 县建卫星城．河北新闻网．http://stjjj. Hebnews. cn/2015-11/18/content_ 5170036. htm. 2015-11-16.

[31] 新华网．京津冀将打造创新共同体打造以北京为核心的世界级城市群．http://news. xinhuanet. com/politics/2015-04/08/c_ 1114893758. htm. 2015-04/08.

[32] 人民网．京津冀打造城市群：从没有哪个规划如此细致．http://news. focus. cn/cangzhou/2015-04-17/6193427. html. 2015-04-17.

[33] 国际先驱导报．这一年，西方社交媒体这样看中国．新华网．http://news. xinhuanet. com/herald/2015-12/23/c_ 134944818. htm. 2015-12-23

[34] 中国网．美国 NASA 公布中国雾霾卫星图（组图）．http://bj. bendibao. com/news/2015122/209817. shtm. 2015-12-02.

[35] 国务院关于促进市场公平竞争维护市场正常秩序的若干意见 [国发〔2014〕20 号].

[36] 中共中央关于全面深化改革若干重大问题的决定. 2013 年 11 月 12 日中共第十八届三次全会通过.

[37] 关于政府向社会力量购买服务的指导意见 [国办发〔2013〕96 号].

[38]《关于做好政府购买环境公共服务的指导意见》草稿（环保部资料).

[39] 石家庄新闻：石家庄市大气污染源解析结果公布，大气污染元凶现行．http://www. 2300sjz. com/news/sz/2014/08/2014-08-29190420. html.

[40] 郭海全，杨志宏，李宏亮．河北平原表层土壤重金属环境质量及污染评价 [J]. 中国地质，2011，38 (1): 218-225.

[41] Wang L, Zhang G Y, Sun S Y, et al. Environment quality assessment of heavy metal in soil of pollution-free vegetable produced in Hebei plain areas. ICECC, 2011, 7: 3726-3730.

[42] 夏增录．中国主要类型土壤若干重金属临界含量和环境容量区域分异的影响 [J]. 土壤学报，1994，31 (2): 161-169.

[43] 李尧，左谦，刘文新，等．河北表层土壤中七氯残留污染现状及其空间分异特征 [J]. 农业环境科学学报，2007，26 (1): 230-234.

[44] 张秀芝，郭海全，李宏亮．河北省白洋淀洼地环境地球化学物源判断［J］．地学前缘，2008（5）：90-96.

[45] 谢庄，崔继良，陈大刚，等．北京城市热岛效应的昼夜变化特征分析［J］．气候与环境研究，2006，11（1）：69-75.

[46] 冷红，袁青．城市微气候环境控制及优化的国际经验及启示［J］．国际城市规划，2014，29（6）：114-119.

[47] 王喜全，王自发，郭虎．北京“城市热岛”效应现状及特征［J］．气候与环境研究，2006，11（5）：627-636.

[48] 张占平，高占东．河北省产业结构变动对能源消费结构的影响［J］．石家庄经济学院学报，2014，37（3）：55-59.

[49] 汪安佑，雷涯邻，沙景华．资源环境经济学［M］．北京：地质出版社，2005.

[50] 裴桂芬，郑明慧．河北省能源消费及节能对策分析［J］．河北大学学报（哲学社会科学版），2011，36（6）：87-93.

[51] 环保部，国土部．全国土壤污染状况调查公报．中国环境报．2014-04-18. http：//www. cenews. com. cn/sylm/jsxw/201404/t20140418_ 772973. htm.

[52] 环保部，国统局，农业部．第一次全国污染源普查公报．http：//cpsc. mep. gov. cn/gwgg/201002/W020100225545523639910. pdf.

[53] 河北省环境监测站．河北省地表水水质月报 2016 年 6 月-2014 年 8 月各期．

[54] 河北省环境保护工作领导小组办公室关于全省主要河流跨界断面水质及生态补偿金扣缴情况的通报（2014. 3-2014. 9）.

[55] 煤化工产业或现大规模逃离潮：盲目进入致亏损，2014-07-27，新金融观察报，新浪财经，http：//finance. sina. com. cn/chanjing/sdbd/20140727/113519830137. shtml.

[56] 河北省钢铁水泥电力玻璃企业主要大气污染物初始排污权核定技术规范（试行）.

[57] 房田甜. 风电寒潮侵袭开发商五大电力企业亏损首现. 21 世纪经济报道，21 世纪网，2012-04-02，http：//www. 21cbh. com/HTML/2012-4-2/2MNDEzXzQxNDM2Mw. html.

[58] 光伏风力物质发电全线亏损. 太阳能光伏网，2013-06-20. http：//solar. of week. com/2013-06/ART-260006-8120-28694222. html.